आरंभ

हिंदी पाठमाला

सह-अभ्यास पुस्तिका

5

Collins

5

आरंभ

हिंदी पाठमाला

सह-अभ्यास पुस्तिका

विभा सक्सेना

Student + Teacher		Teacher-only	
a animations	ia activities	lp lesson plans	tn teacher's notes
ilt instructor-led tutorials	w worksheets	w worksheets	ak answer keys
g games	v videos		
audio			

प्राक्कथन

नवीन आशा एवं नवीन विचारधारा के साथ पुस्तक आरंभ हिंदी श्रृंखला आपके समक्ष प्रस्तुत करते हुए हमें हर्ष का अनुभव हो रहा है। आरंभ एक नवीन प्रस्तुति है, जो पूर्णतया एक नवाचारी सोच एवं दृष्टि पर आधारित है। इसमें भाषा के सभी कौशलों–सुनना, बोलना, पढ़ना, लिखना और समझना के विकास का ध्यान रखा गया इसके अतिरिक्त भाषा के उच्चतर कौशल–चिंतन, मनन, कल्पना और अभिव्यक्ति का भी सम्मिश्रण है।

भाषा भावाभिव्यक्ति का माध्यम है। अपनी बात को कहने और अन्य की समझने के लिए यह एक सशक्त साधन है। आरंभ श्रृंखला की पुस्तकों में सुगम और आनंददायक पाठ्य सामग्री का चयन भाषा को रोचक बनाने के लिए किया गया है। पाठों की विविध विधाएँ भाषा सौंदर्य के साथ जीवन मूल्यों का विकास करने में भी सहायक होंगी। पाठों की भाषा क्रमशः सरल से कठिन की ओर बढ़ती है। पाठ, भाषा-शिक्षण के आधार हैं तो अभ्यास, भाषा शिक्षण के माध्यम। इन पुस्तकों में भाषाई कुशलता बढ़ाने हेतु भाषा प्रयोग पर बल दिया गया है। श्रवण और पठन कौशल के विकास के लिए पर्याप्त अवसर दिए गए हैं।

पुस्तक में शुद्ध उच्चारण हेतु प्रत्येक वर्ण के साथ अंग्रेज़ी में उच्चारण दिए गए हैं। पुस्तकों का अतिरिक्त बोझ कम करने के उद्देश्य से पाठ्य पुस्तक और अभ्यास पुस्तिका एक साथ दी गईं हैं।

पुस्तक की विशेषताएँ :

- रोचक गतिविधि और शैक्षिक ध्येय द्वारा पाठ की शुरुआत
- चित्रकथा और पूरक पठन सामग्री का पुस्तक में समावेश
- कल्पना-शक्ति जागृत करने के लिए आकर्षक चित्रांकन एवं प्रस्तुति
- *हमारी धरती* में पर्यावरण संरक्षण के तथ्य या सुझाव
- विस्तृत परिवेश से लिए सांस्कृतिक परंपरा के दायित्व बोध हेतु प्रश्नों का समावेश
- भाषा के उच्चतर कौशल, अभिव्यक्ति, चिंतन, मनन और संप्रेषण के अभ्यास
- श्रवण और वाचन कौशल सुदृढ़ करने के लिए पर्याप्त अवसर
- *खेल-खेल में* समग्र शिक्षण हेतु अंतर्विषयक गतिविधियाँ
- रचनात्मक लेखन के समीचीन विषय
- शब्द भंडार में वृद्धि और अनुप्रयुक्त व्याकरण के विविध अभ्यास

आप सभी अभिभावकों के सुझाव एवं प्रेरणा हमारी सफलता के सोपान सुनिश्चित करेंगे। इस आशा और विश्वास के साथ साभार!

–लेखिका

इस पुस्तक शृंखला में–

आरंभ एक नवीन प्रस्तुति है जो पूर्णतया एक नवाचारी सोच एवं दृष्टि पर आधारित है। इसमें भाषा के सभी कौशल–सुनना, बोलना, पढ़ना, लिखना और चिंतन क्षमता के विकास का ध्यान रखा गया है।

रोचक गतिविधि और शैक्षिक ध्येय द्वारा पाठ की शुरुआत

चित्रकथा और पूरक पठन सामग्री का पुस्तक में समावेश

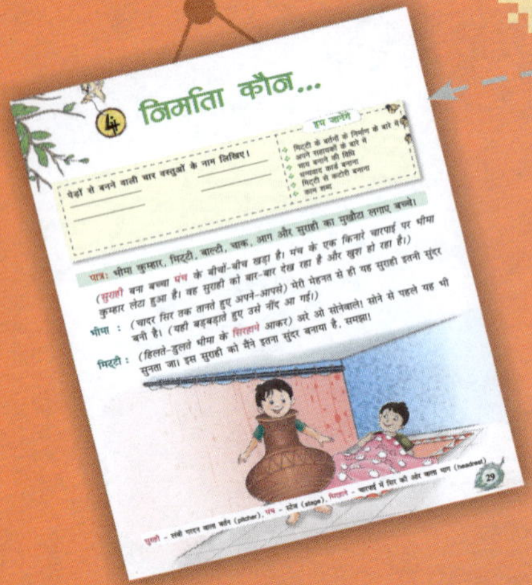

कल्पना–शक्ति जागृत करने के लिए आकर्षक चित्रांकन एवं प्रस्तुति

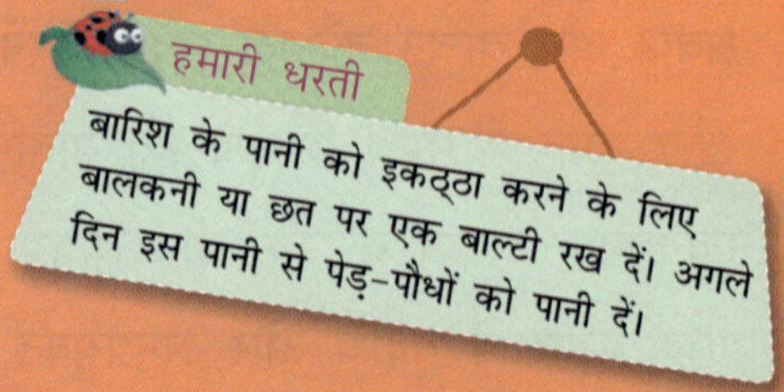

हमारी धरती में पर्यावरण संरक्षण के तथ्य या सुझाव

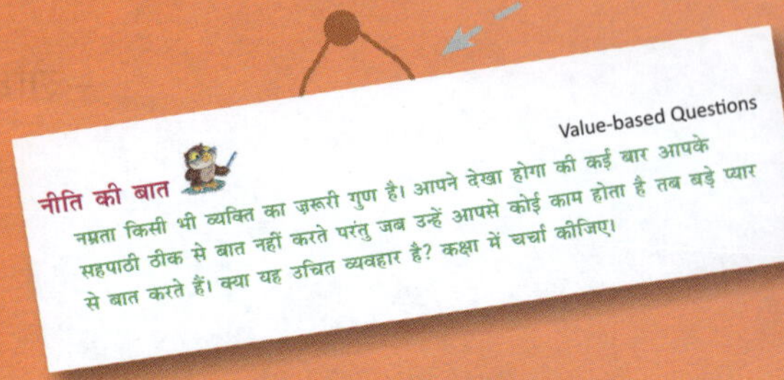

नीति की बात में विस्तृत परिवेश से लिए सांस्कृतिक परंपरा के दायित्व बोध हेतु प्रश्न

ज़रा सोचिए में भाषा के उच्चतर कौशल, अभिव्यक्ति, चिंतन, मनन और संप्रेषण के अभ्यास

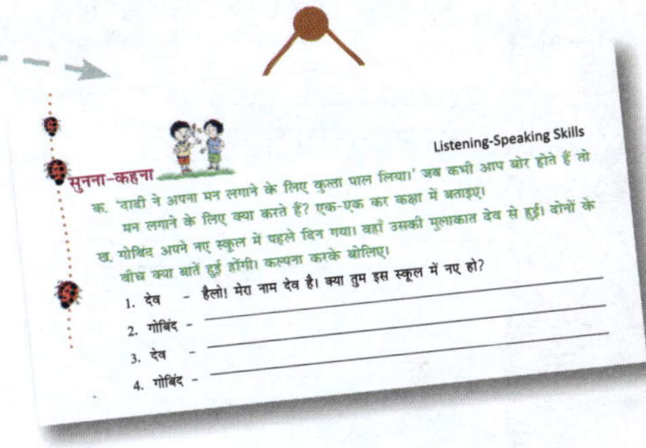

श्रवण और वाचन कौशल सुदृढ़ करने के लिए पर्याप्त अवसर

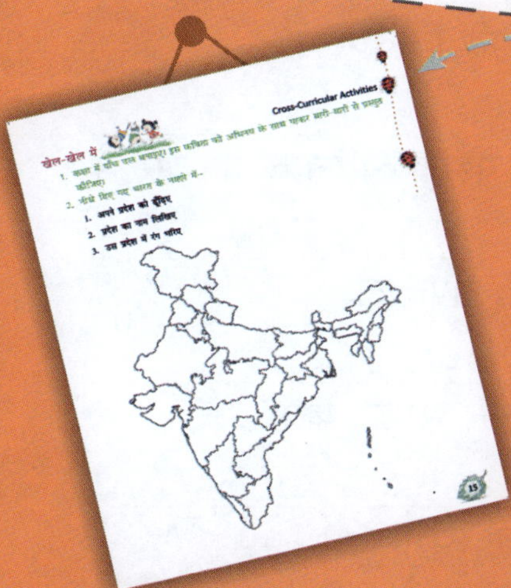

खेल-खेल में समग्र शिक्षण हेतु अंतर्विषयक गतिविधियाँ

कलम से में रचनात्मक लेखन के समीचीन विषय

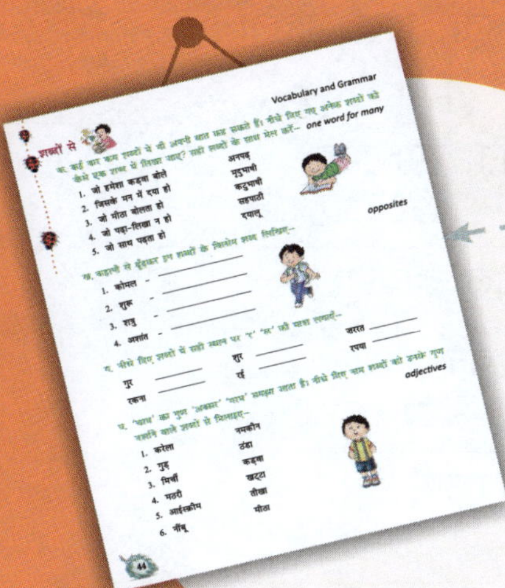

शब्दों से शब्द भंडार में वृद्धि और अनुप्रयुक्त व्याकरण के विविध अभ्यास

पाठ-मूल्यांकन

क्रम संख्या	पाठ	विधा	पाठ्य बिंदु
1	कोशिश करने वालों की हार नहीं होती	प्रेरक कविता	मुश्किलों से न घबराकर आगे बढ़ते रहने का संदेश
2	भेड़िया दल में मोगली	अनूदित कहानी	पशु प्रेम, पर्यावरण
3	कन्याकुमारी से पत्र	पत्र	प्रकृति प्रेम और सुंदरता, यात्रा वर्णन
4	किशोर की समझदारी	कहानी	नैतिक मूल्य, वाक् कुशलता
5	एक बूँद	कविता	त्याग, प्रेम, सौहार्द
6.	एक त्योहार दो मौसम	लेख	मानव जीवन की विविधता
7	भूल जो भुलाए न बने	आत्मकथा	बाल स्वभाव, महान व्यक्तित्व के बारे में जानकारी
8	साइना नेहवाल से मुलाकात	साक्षात्कार	लगन, परिश्रम, सफलता
9	रॉबिनसन क्रूसो	अनूदित कहानी	रोमांचक कहानी, समुद्री यात्रा
10	बया हमारी चिड़िया रानी	कविता	पक्षी प्रेम, बाल स्वभाव
11	रिया की डायरी	डायरी	राष्ट्रीय पर्व, समारोहों का परिचय
12	खेल के मैदान से	एकांकी	सद्भाव, मित्रता, खेल भावना
13	मिसाइल मैन	प्रेरक प्रसंग	परिश्रम, लगन, सफलता
14	ईदगाह	कहानी	सहृदयता, बाल व्यवहार
15	वन रहेंगे, हम रहेंगे	एकांकी	प्रकृति प्रेम, वन संरक्षण
16	हम सब सुमन एक उपवन के	कविता	एकता, प्रकृति प्रेम

व्याकरण बिंदु	रचना और गतिविधियाँ	भाषिक/उच्चतर कौशल
तुकांत शब्द, विलोम शब्द, संज्ञा	घटना वर्णन, अनुभव वर्णन, लघु अनुच्छेद लेखन	कल्पना जगाना, भावबोध, मूलभाव समझना
वचन, विलोम शब्द, संज्ञा, क्रिया	पोस्टर बनाना, अभिनय द्‌वारा बातचीत, संवाद लेखन	सूक्ष्म निरीक्षण, चिंतन-मनन, निष्कर्ष निकालना
अनेक शब्दों के लिए एक शब्द, संज्ञा, सर्वनाम	फ़ोन पर बातचीत, ई-मेल भेजना, डायरी लिखना	दृश्य वर्णन, अनुभव वर्णन
लिंग, विलोम शब्द, विशेषण	कहानी सुनाना, लघु अनुच्छेद लेखन, नाटक तैयार कर अभिनय करना	चिंतन-मनन, अर्थग्रहण, राय देना
समानार्थी, संज्ञा, अनुस्वार, अनुनासिक	आशुभाषण, चित्र बनाना, लघु अनच्छेद लेखन, प्रश्नोत्तरी	लयपूर्ण वाचन, सुनकर समझना
विशेषण, समानार्थी, क्रिया विशेषण	ई-मेल भेजना, कैलेंडर में अंकित करना, निमंत्रण लिखना, क्रियाकलाप	कल्पना करना, तुलना करना, कार्य कारण संबंध
वचन, शब्द निर्माण, संज्ञा, भिन्नार्थक शब्द	वर्ग पहेली, योजना बनाना, रंग भरना, पत्र लेखन	अनुभव वर्णन, अपना पक्ष रखना
क्रिया, विशेषण	साक्षात्कार के प्रश्न बनाना, वाद-विवाद करना, बधाई संदेश लिखना, वर्ग पहेली	वाचन, श्रवण, सूक्ष्म अवलोकन
संज्ञा, अनेक शब्दों के लिए एक शब्द, विशेषण	लघु अनुच्छेद लेखन, यात्रा वर्णन, साँप-सीढ़ी का खेल	कल्पना करना, विश्लेषण करना
वर्णमाला क्रम, लिंग, भिन्नार्थक शब्द	अपठित पद्‌यांश, कविता वाचन	चिंतन-मनन, अर्थ समझते हुए पढ़ना
क्रिया, विराम चिह्न, विलोम शब्द	आशुभाषण, लघु अनुच्छेद लेखन, वर्णन, डायरी बनाना	पठन, अर्थग्रहण, डायरी लेखन
समानार्थी, सर्वनाम, मुहावरे	पत्र लेखन, रिर्पोटर बनकर आँखों देखा हाल सुनाना	वाचन, श्रवण, सूक्ष्म अवलोकन
काल, अनेक शब्दों के लिए एक शब्द, अंग्रेज़ी के शब्द	जानकारी एकत्र करना और बाँटना, चार्ट बनाना	पठन, अर्थग्रहण, बातचीत करना
वचन, विलोम शब्द, समानार्थी, मुहावरे	आशुभाषण, संवाद लेखन, पोस्टर बनाना	पठन, अर्थग्रहण, मूलभाव समझना
विशेषण, संज्ञा, क्रिया विशेषण, योजक शब्द	प्रेज़ेंटेशन बनाना, आपबीती लिखना, जानकारी एकत्र करना, क्रियाकलाप	चिंतन-मनन, सूक्ष्म अवलोकन
पर्यायवाची, विलोम शब्द, तुकांत शब्द	गीत सुनाना, लघु अनुच्छेद लेखन, सूची बनाना, कार्ड बनाना	लयपूर्ण वाचन, सुनकर समझना

विषय-सूची

1

कोशिश करने वालों की हार नहीं होती

चित्र देखकर बताइए कि ये लोग क्या कर रहे हैं? इन लोगों का हमारे जीवन में क्या योगदान है?

हम जानेंगे

- जीवन में कोशिश करने का महत्व समझना
- विलोम शब्द
- जातिवाचक संज्ञा
- तुकांत शब्द

लहरों से डर कर नौका पार नहीं होती,
कोशिश करने वालों की कभी हार नहीं होती।

नन्ही चींटी जब दाना ले कर चढ़ती है,
चढ़ती दीवारों पर सौ बार फिसलती है।
मन का विश्वास रगों में साहस भरता है,
चढ़ कर गिरना, गिर कर चढ़ना, न अखरता है।
मेहनत उसकी बेकार हर बार नहीं होती,
कोशिश करने वालों की कभी हार नहीं होती।

डुबकियाँ सिंधु में गोताखोर लगाता है,
जा-जा कर खाली हाथ लौट कर आता है।
मिलते न सहज ही मोती गहरे पानी में,
बढ़ता दूना विश्वास इसी हैरानी में।
मुट्ठी उसकी खाली हर बार नहीं होती,
कोशिश करने वालों की कभी हार नहीं होती।

रग – नस (vein), साहस – हिम्मत (courage), अखरता – असुविधाजनक (inconvenient), गोताखोर – डुबकी लगानेवाला (diver), सहज – सरल (simple)

असफलता एक चुनौती है, स्वीकार करो,
क्या कमी रह गई, देखो और सुधार करो।
जब तक न सफल हो नींद-चैन को त्यागो तुम,
संघर्ष का मैदान छोड़ मत भागो तुम।

कुछ किए बिना ही जय-जयकार नहीं होती,
कोशिश करने वालों की कभी हार नहीं होती।

–सोहनलाल द्विवेदी

हमारी धरती

मिट्टी में रहनेवाला एक जीव केंचुआ, किसान का सबसे अच्छा मित्र कहलाता है क्योंकि वह मिट्टी को अधिक उपजाऊ बनाता है।

नए शब्द

रगों   अखरता   सहज   स्वीकार   जय-जयकार

पाठ से

Comprehension

क. सोचकर बताइए–

1. गोताखोर सिंधु में जाकर क्या लाता है?
2. चींटी में कौन-सा गुण उसे सफलता दिलवाता है?
3. कवि किस बात को स्वीकारने और सुधारने को कह रहा है?
4. कवि किस बात को कब तक त्यागने की बात कह रहा है?

ख. कविता की पंक्तियों को पूरा कीजिए–

__________ एक __________ है, स्वीकार करो,

क्या __________ रह गई, देखो और __________ करो।

जब तक न __________ हो नींद-चैन को __________ तुम,

__________ का मैदान छोड़ मत __________ तुम।

चुनौती - ललकार (challenge), संघर्ष - कड़ी मेहनत (struggle)

कुछ किए बिना ही __________ नहीं होती,

कोशिश करने वालों की कभी __________ नहीं होती।

ग. सही उत्तर पर (✓) लगाइए–

1. लहरों से कौन डरता है?

   i. मछुआरा ☐ ii. नौका ☐ iii. जहाज़ ☐

2. दाना लेकर कौन चढ़ता है?

   i. गिलहरी ☐ ii. चुहिया ☐ iii. चींटी ☐

3. सागर में मोती लाने के लिए डुबकी कौन लगाता है?

   i. गोताखोर ☐ ii. नाविक ☐ iii. मछुआरा ☐

4. कविता में किस मैदान की बात हो रही है?

   i. खेल का ☐ ii. स्कूल का ☐ iii. संघर्ष का ☐

5. कविता में क्या करनेवालों की कभी हार नहीं होती है?

   i. बातचीत ☐ ii. कोशिश ☐ iii. मस्ती ☐

घ. लिखकर बताइए–

1. चींटी को बार-बार फिसलने पर साहस कौन देता है?

   ____

2. गोताखोर को गहरे पानी में क्या मिलता है?

   ____

3. असफलता को क्या समझकर स्वीकार करना चाहिए?

   ____

4. कविता के द्वारा कवि क्या संदेश देना चाहता है?

   ____

ज़रा सोचिए

Thinking Skills

1. गोताखोर यदि एक बार में ही हार मान लेता तो क्या होता?
2. चींटी निरंतर कोशिश करती रहती है और वह कभी हार नहीं मानती। आपकी राय में क्या इतनी मेहनत करना सही है? तर्क सहित उत्तर दीजिए।

नीति की बात  Value-based Questions

चींटी प्रत्येक कार्य में असफलता और अधिक मेहनत करने की प्रेरणा देती है। कैसे? कारण बताइए।

शब्दों से Vocabulary and Grammar

क. कविता में तुकांत शब्द छाँटिए और लिखिए– *rhyming words*

1. चढ़ती ________ 2. भरता ________ 3. बार ________

4. लगाता ________ 5. पानी ________ 6. स्वीकार ________

ख. नीचे लिखे शब्दों को विलोम शब्दों से मिलाइए– *opposites*

1. हार	भरा
2. विश्वास	पराजय
3. सफल	जीत
4. चैन	अविश्वास
5. जय	असफल
6. खाली	बेचैन

ग. जिन शब्दों से पूरी जाति का बोध होता हो वे जातिवाचक संज्ञा कहलाते हैं। *nouns*

कविता में दिए गए जातिवाचक संज्ञा शब्द छाँटकर लिखिए–

1. लहर 2. ________ 3. ________

4. ________ 5. ________ 6. ________

सुनना-कहना Listening Speaking Skills

1. **आपकी किसी कोशिश को जब सफलता मिली हो, ऐसी कोई घटना कक्षा में सुनाइए।**
2. **बस एक मिनट–**

   'जब मैंने साइकिल चलानी सीखी', इस विषय पर कक्षा में एक मिनट तक बोलिए।

कलम से

Writing Skills

किसी ऐसे व्यक्ति के जीवन के बारे में पाँच वाक्य लिखिए, जिसके जीवन के संघर्षों और कोशिशों ने आपको प्रभावित किया हो–

____

____

____

____

____

खेल-खेल में

Cross-Curricular Activities

अपने घर के बाहर बगीचे में जाकर पता लगाइए कि चूहा, मधुमक्खी, चींटी, तितली और चिड़िया कहाँ रहते हैं? फिर कौन कहाँ रहता है, मिलान कीजिए–

चिड़िया मधुमक्खी चूहा घोड़ा शेर कबूतर

माँद

अस्तबल

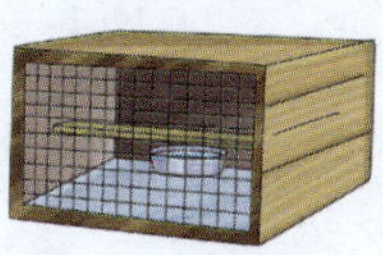

कोटर

घोंसला

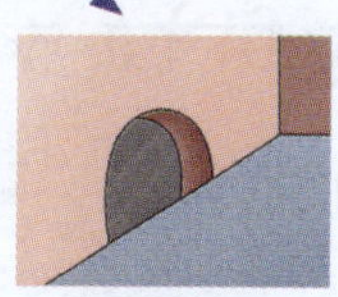

बिल

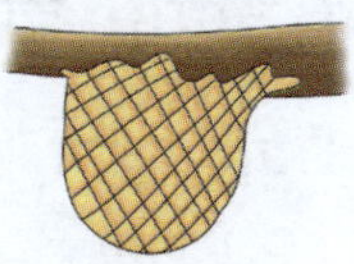

छत्ता

2 भेड़िया दल में मोगली

नीचे दिए गए प्रसिद्ध कार्टून किरदारों के नाम लिखिए–

______ ______ ______

हम जानेंगे

- पशु भी किस प्रकार इंसानी बच्चे को अपनाते हैं
- जंगल के पशुओं के जीवन के बारे में
- वचन
- विलोम शब्द
- संज्ञा के भेद
- क्रिया युग्म

गरमी की शाम सियोनी की पहाड़ियों पर उतर रही थी। पिता भेड़िए ने माँ भेड़िए की ओर देखा। वह गुफा के बिल्कुल भीतर अपने छोटे-छोटे बच्चों को लेकर बैठी थी।

“शिकार पर जाने का समय हो गया। जल्दी ही निकलना होगा।” पिता भेड़िए ने कहा।

तभी एक जंतु गुफा के मुँह पर दिखाई पड़ा। वह तबाकी गीदड़ था।

तबाकी कहने लगा, “शेर खान पहाड़ियों पर शिकार के लिए अब निकलने ही वाला है।” शेर खान बाघ था जो वेनगंगा की नदी के पास रहता था।

“अरे! वह जब चाहे तब अपने शिकार की जगह नहीं बदल सकता है।”

पिता भेड़िए ने गुर्राते हुए कहा, “उसके डर से तो सभी जानवर यहाँ से भाग जाएँगे। हमें क्या मिलेगा तब?”

“शेर खान लँगड़ा रहा है, “माँ भेड़िए ने धीरे से कहा, “इसलिए वह अब जंगल के पशुओं का शिकार नहीं करता। गाँववालों के पालतू पशुओं को ही पकड़ता है।”

जंतु - जानवर (animal)

"अब उसकी आवाज़ भी सुनाई दे रही है।" तबाकी ने कहा।

भेड़िया दंपति ने ध्यान से सुना। दूर, बहुत दूर, एक क्रोध-भरी दहाड़ सुनाई दी।

आवाज़ से साफ़ लग रहा था कि आज उसे कोई शिकार नहीं मिला है।

माँ भेड़िया ने कहा, "आज वह गाय-बकरी या हिरन खाने नहीं निकला है। आज वह आदमी का शिकार कर रहा है।"

"आदमी!" पिता भेड़िए ने नफ़रत से कहा।

यह तो जंगल का कानून था कि कोई भी जानवर न तो आदमी का शिकार करेगा और न ही खाएगा क्योंकि एक आदमी को मारो तो सैकड़ों लोग बंदूकें लेकर जंगल में आ धमकते हैं। फिर बाकी जानवरों के लिए खतरा हो जाता है।

एकाएक, माँ भेड़िया सतर्क हो गई। उसने कहा, "पहाड़ी के ऊपर कोई आ रहा है। ध्यान से सुनो, सावधान रहो!"

गुफा के पास घास में कुछ सरसराहट हुई। पिता भेड़िया झपटने के लिए तैयार हो गया। हवा में कूदा, पर बीच में ही खुद को रोक लिया और फिर खड़ा हो गया।

वह चिल्लाया, "आदमी! आदमी का बच्चा! देखो, देखो!"

"उसे यहाँ लाओ तो ज़रा। मैंने कभी आदमी के बच्चे को नहीं देखा है।" माँ भेड़िए ने कहा। पिता भेड़िए ने बड़ी कोमलता से बच्चे को अपने मुँह में पकड़ा। वह एक नन्हा-सा बच्चा था, जिसने शायद अभी-अभी घुटनों के बल चलना सीखा था। बिल्कुल नंगा-धड़ंगा था। उसकी बड़ी-बड़ी आँखों में डर था ही नहीं।

आदमी के बच्चे को अपने बच्चों के बीच घुसते देख, माँ भेड़िए ने कहा, "ओह, कितना नन्हा-सा है। इसके तो बाल ही नहीं हैं... और कितना निडर भी है।" तभी एक काली, बड़ी-सी आकृति गुफा के मुँह में अड़कर खड़ी थी।

"क्या चाहिए तुम्हें?" पिता भेड़िए ने गुस्से से पूछा।

दंपति - पति और पत्नी (couple), सतर्क - सावधान (alert), आकृति - आकार (form)

"मेरा खाना।" शेर खान का जवाब था। उसने कहा, "आदमी का एक बच्चा यहाँ आया है। इसके माँ-बाप तो भाग गए। अब इसे मुझे सौंप दो।"

पिता भेड़िए को इस बात का इत्मिनान था कि शेर गुफा के अंदर आ नहीं सकता क्योंकि गुफा का मुँह बहुत छोटा है। उसने कहा, "शेर खान, हम भेड़िए, स्वतंत्र पशु हैं। हम सिर्फ़ अपने दल के नेता से आदेश लेते हैं।"

"कहना क्या चाहते हो?" शेर खान ने पूछा। माँ भेड़िया अपने बच्चों को भीतर ही छोड़कर शेर खान के सामने आ खड़ी हुई।

वह बोली, "मैं बताती हूँ। यह आदमी का बच्चा अब हमारा है, सुन रहे हो शेर खान, हमारा। यह हमारे साथ रहेगा, हमारे साथ घूमेगा और शिकार करेगा।"

शेर खान जानता था कि माँ भेड़िया गुस्सा हुई तो खतरनाक हो जाती है। अपनी सुरक्षा के लिए वह थोड़ा पीछे खिसका और वहीं से चिल्लाकर बोला, "देखता हूँ तुम्हारा भेड़िया दल, तुम्हारी बात मानता भी है या नहीं। आखिर में, यह मुझे ही मिलने वाला है।"

माँ भेड़िया अपने बच्चों के पास गई और बोली, "मैं इस आदमी के बच्चे को मोगली, यानि 'मेंढक' कहूँगी। एक दिन यही शेर खान को खत्म करेगा।"

भेड़ियों के दल के लिए जंगल का कानून बड़ा स्पष्ट है। पूर्णिमा की रात को सभी बच्चों को सभा शिला पर उपस्थित होना होता है। अन्य भेड़िए उन्हें देखते हैं, और पहचान कर लेते हैं। फिर पूरा दल उनकी देखभाल करता है और किसी तरह की हानि नहीं पहुँचने देता।

अगली पूर्णिमा को यह भेड़िया दंपति भी मोगली को लेकर सभा शिला पहुँचे। वहाँ छिटकी चाँदनी में यह बच्चा मज़े से बैठकर कंकड़-पत्थरों से खेलने लगा। शेर खान ने सभा के सामने अनुरोध रखा कि मोगली उसको दे दिया जाए। पर दल के नेता ने कहा, "हम स्वतंत्र हैं, हम किसी की बात क्यों सुनें?"

इत्मीनान - भरोसा (assurance), आदेश - आज्ञा (order), स्वतंत्र - आज़ाद (free), सुरक्षा - हिफाज़त (safety), उपस्थित - हाज़िर (present)

भूरा भालू, जो सभी भेड़ियों के बच्चों को सिखाता-पढ़ाता था, बोला, "उसे भेड़िया दल के साथ ही रहने दो। मैं उसे खुद सिखा-पढ़ा दूँगा।"

तभी काला तेंदुआ, बघीरा, भेड़ियों के बीचों-बीच कूदकर बोला "मैं तुम्हें एक मोटा-सा बैल दूँगा। इस आदमी के बच्चे को जीने दो और हमारे साथ शिकार करने दो।"

और इस तरह यह तय हुआ कि आदमी का बच्चा, मोगली, सियोनी की पहाड़ियों पर रहने वाले भेड़िया दल का सदस्य बनेगा।

–रुडयार्ड किपलिंग

हमारी धरती

इस धरती पर जानवरों का भी उतना ही हक़ है जितना कि हम इंसानों का। फिर हम क्यों जंगल काट-काट कर ऊँची इमारतें खड़ी करते जा रहे हैं?

नए शब्द

सियोनी वेनगंगा धमकना गुर्राना उपस्थित सदस्य

पाठ से

Comprehension

क. सोचकर बताइए–

1. पहाड़ियों पर शिकार के लिए कौन निकलने वाला था?
2. शेर खान बाघ कहाँ रहता था?
3. जंगल का कानून क्या था?
4. आदमी के बच्चे को किसने रखने की बात कही थी?
5. भालू क्या करता था?

ख. यह वाक्य किसने, किससे कहे, लिखिए–

वाक्य	किसने कहा	किससे कहा
1. शिकार पर जाने का समय हो गया, जल्दी ही निकलना होगा।		
2. आज वह आदमी का शिकार कर रहा है।		
3. मैं उसे खुद सिखा-पढ़ा दूँगा।		
4. देखता हूँ तुम्हारा भेड़िया दल, तुम्हारी बात मानता भी है या नहीं।		

ग. लिखकर बताइए–

1. तबाकी गीदड़ ने पिता भेड़िए को क्या बताया?

____

2. माँ भेड़िए को गुफा के पास कौन मिला? उसका क्या नाम रखा गया?

____

3. भूरे भालू तथा तेंदुए बघीरा ने भेड़िया दल से क्या कहा?

____

ज़रा सोचिए — Thinking Skills

1. **यदि मोगली जंगल से किसी दिन आपके घर आ जाए तो आप उससे दोस्ती कैसे करेंगे? याद रखिए उसे आपकी भाषा नहीं आती है।**
2. **शेर की प्रजाति किस कारण से संकट में है?**

नीति की बात — Value-based Questions

भेड़ियों ने मोगली को बहुत प्यार से पाला। क्या हम इंसान भी पालतू पशुओं को इतने ही प्यार से पालते हैं?

शब्दों से — Vocabulary and Grammar

क. एक का बोध कराने वाले शब्द एकवचन कहलाते हैं और अनेक बोध कराने वाले शब्द बहुवचन। नीचे लिखे एकवचन शब्दों का रूप बदलकर किसी भी एक रूप से वाक्य बनाकर लिखिए–

number

1. पहाड़ी ____________

____

2. छोटा ____________

____

3. नदी ____________

____

4. पशु ____________

____

5. बच्चा ____________

ख. नीचे लिखे शब्दों के उलटे अर्थ वाले विलोम शब्द लिखिए– *opposites*

1. जंगल – ____________
2. पालतू – ____________
3. खतरनाक – ____________
4. आदेश – ____________
5. स्वतंत्र – ____________

ग. आप जानते हैं कि संज्ञा शब्द मुख्यतः तीन प्रकार के होते हैं– *nouns*

- व्यक्तिवाचक जैसे राम, दिल्ली आदि
- जातिवाचक जैसे, बिल्ली, लड़का आदि
- भाववाचक जैसे, प्यार, खुशी आदि

नीचे दिए गए संज्ञा शब्दों को सही कॉलम में लिखिए–

क्रोध भेड़िया मोगली पहाड़ी नफ़रत तबाकी शेर खान तेंदुआ प्यार बघीरा भालू डर

व्यक्तिवाचक	जातिवाचक	भाववाचक

घ. 'सिखाना-पढ़ाना' क्रिया युग्म का एक उदाहरण है। ऐसे ही चार क्रिया शब्द लिखिए– *verbs*

1. ____________ 2. ____________

3. ____________ 4. ____________

सुनना-कहना

Listening Speaking Skills

अपनी पसंद के किसी कार्टून के किरदार के बारे में अपनी दादी को बताना है। अपने मित्र के साथ संवाद करके बताइए।

कलम से

Writing Skills

मोगली ने जब बघीरा को पहली बार देखा तो दोनों के बीच क्या बातचीत हुई होगी? संवाद लेखन के द्वारा लिखिए–

मोगली ____

बघीरा ____

मोगली ____

बघीरा ____

मोगली ____

बघीरा ____

मोगली ____

बघीरा ____

खेल-खेल में

Cross-Curricular Activities

जानवरों के प्रति सहानुभूति और प्यार की भावना बढ़ाने के लिए पोस्टर बनाइए और विद्यालय में अलग-अलग जगह पर लगाइए। विद्यालय में पोस्टर प्रतियोगिता भी आयोजित की जा सकती है।

चतुर चित्रकार

चित्रकार सुनसान जगह में, बना रहा था चित्र,
इतने ही में वहाँ आ गया, यम राजा का मित्र।

उसे देखकर चित्रकार के, तुरंत उड़ गए होश,
नदी, पहाड़, पेड़, पत्तों का, रह न गया कुछ जोश।

फिर उसको कुछ हिम्मत आई, देख उसे चुपचाप,
बोला-सुंदर चित्र बना दूँ, बैठ जाइए आप।

उकड़ू-मुकड़ू बैठ गया वह, सारे अंग बटोर,
बड़े ध्यान से लगा देखने, चित्रकार की ओर।

चित्रकार ने कहा- हो गया, आगे का तैयार,
अब मुँह आप उधर तो करिए, जंगल के सरदार।

बैठ गया वह पीठ फिराकर, चित्रकार की ओर,
चित्रकार चुपके से खिसका, जैसे कोई चोर।

बहुत देर तक आँख मूँदकर, पीठ घुमाकर शेर,
बैठे-बैठे लगा सोचने, इधर हुई क्यों देर।

झील किनारे नाव थी, एक रखा था बाँस,
चित्रकार ने नाव पकड़कर, ली जी भर साँस।

जल्दी-जल्दी नाव चलाकर, निकल गया वह दूर,
इधर शेर था धोखा खाकर, झुँझलाहट में चूर।

शेर बहुत खिसियाकर बोला, नाव ज़रा ले रोक,
कलम और कागज़ तो ले जा, रे कायर डरपोक।

चित्रकार ने कहा तुरंत ही, रखिए अपने पास,
चित्रकला का आप कीजिए, जंगल में अभ्यास।

–रामनरेश त्रिपाठी

3 कन्याकुमारी से पत्र

चित्र देखकर बताइए कि किसी भी जगह के मौसम के बारे में कैसे पता चलता है।

हम जानेंगे

- पत्र लेखन विधा
- कन्याकुमारी, एक पर्यटन स्थल
- सर्वनाम शब्द
- अनेक शब्दो के लिए एक शब्द
- सार्वनामिक विशेषण

विवेकानंद पुरम
कन्याकुमारी
तमिलनाडु - 629702
7 अगस्त 2018

प्रिय प्रसाद,

बहुत दिनों से तुम्हारा कोई पत्र नहीं मिला। कोई खबर भी नहीं मिली। तुम कैसे हो? मैं यहाँ कन्याकुमारी की यात्रा पर आया हूँ। मेरे शिक्षक और सहपाठी भी साथ में हैं।

हम मुंबई-गोवा होते हुए कन्याकुमारी पहुँचे। हमने कोंकण रेलवे से यात्रा की। यह एक अंतरराज्यीय रेलमार्ग है। यह महाराष्ट्र से तमिलनाडु के बीच आने वाले राज्यों को जोड़ता है। मुंबई में हमने गेटवे ऑफ इंडिया, चर्च गेट, जहाँगीर आर्ट ऑफ गैलरी, महालक्ष्मी मंदिर और हैंगिंग गार्डन देखे।

मुंबई का जुहू बीच बहुत अच्छा है। गेटवे ऑफ इंडिया से मोटर बोट में बैठकर हम लोग एलिफेंटा की गुफाएँ

यात्रा करना - घूमना (to travel), शिक्षक - अध्यापक (teacher), सहपाठी - साथ पढ़ने वाला (classmate), बीच - समुद्र-तट (beach)

देखने गए। तारापुर का मछलीघर भी देखने लायक है। चौपाटी के समुद्री तट पर घूमने का अलग ही मज़ा था। यह छोटा-सा बीच है, लगता है मानो समुद्र शहर में आ गया हो।

मुंबई से हम गोवा गए। गोवा में हमने सेंट जोसफ़ चर्च देखा। यह एक भव्य इमारत है। गोवा के समुद्र तट देशभर में प्रसिद्ध हैं। यहाँ की प्राकृतिक सुंदरता देखते ही बनती है। यहाँ विदेशी पर्यटकों की भरमार रहती है।

हमारी यात्रा का अंतिम पड़ाव कन्याकुमारी था। नारियल और ताड़ के पेड़ों की कतारें देखकर हम प्रसन्न हो गए। धान के हरे-भरे खेतों के बीच मकान भी बहुत सुंदर दिखते थे।

कन्याकुमारी भारत का दक्षिणी छोर है। यहाँ तीन समुद्रों का मिलन होता है। इसके दक्षिण में हिंद महासागर है। पूर्व में बंगाल की खाड़ी और पश्चिम में अरब सागर है। इन तीनों की जल-धाराएँ अलग-अलग दिखाई देती हैं। इनकी रेत का रंग भी भिन्न-भिन्न है। यहाँ सूर्योदय और सूर्यास्त के दृश्य हमने देखे। ये अनुपम दृश्य कन्याकुमारी में ही देखे जा सकते हैं। यहाँ देवी कन्याकुमारी का एक मंदिर भी है।

कन्याकुमारी के समुद्र तट से थोड़ी ही दूरी पर विवेकानंद शिला स्मारक है। यहाँ स्वामी विवेकानंद की विशाल मूर्ति स्थापित की गई है। यहाँ हमने स्टीमर की यात्रा का आनंद लिया। स्मारक के पास पहुँचकर बड़ी शांति मिलती है। यहाँ से लौटकर हमने गांधी मंडप देखा जो समुद्र के किनारे है। इस मंडप की दीवार से सागर की लहरें आ-आकर टकराती हैं।

हमारी धरती

पर्यटन स्थलों पर घूमते हुए यह ध्यान रखना भी ज़रूरी है कि इनकी खूबसूरती बरकरार रहे, इसलिए कभी भी कूड़ा न फैलाएँ।

कन्याकुमारी में चटाइयाँ, शंख, सीपियाँ और लकड़ी की बनी चीज़ें बिकती हैं। हमने शंख और सीपियों से बने खिलौने खरीदे। वापस आकर तुम्हें भी एक शंख भेंट करूँगा।

अब मैं पत्र समाप्त करता हूँ क्योंकि सुबह मुझे जल्दी उठकर कन्याकुमारी की सुंदर 'हाउस बोट' की सैर करने भी जाना है।

श्रीकांत
इंदौर, म.प्र.

भव्य - विशाल (massive), पर्यटक - सैलानी (tourist), कतारें - पंक्ति (line), धान - चावल (rice), छोर - किनारा (shore), अनुपम - सुंदर (beautiful), स्मारक - समाधि (monument), विशाल - बहुत बड़ा (huge)

नए शब्द

स्टीमर   स्मारक   पर्यटक   सूर्योदय   सूर्यास्त

पाठ से

Comprehension

क. सोचकर बताइए–

1. यह पत्र किसने, किसको लिखा है?
2. पत्र में किस यात्रा के विषय में बताया गया है?
3. मुंबई में श्रीकांत को सबसे अधिक आनंद कहाँ आया?
4. गोवा में लेखक ने क्या-क्या देखा?

ख. सही विकल्प चुनकर (✓) लगाइए–

1. श्रीकांत कन्याकुमारी घूमने किनके साथ आया है?

   i. दोस्तों के साथ ☐   ii. माता-पिता के साथ ☐   iii. शिक्षक और सहपाठियों के साथ ☐

2. कन्याकुमारी भारत का कौन-सा छोर है।

   i. पश्चिमी ☐   ii. पूर्वी ☐   iii. दक्षिणी ☐

3. सेंट जोसफ़ चर्च कहाँ है?

   i. गोवा ☐   ii. मुंबई ☐   iii. कन्याकुमारी ☐

ग. उचित शब्द छाँटकर वाक्य पूरे कीजिए–

अनुपम   भव्य   विशाल   छोटा-सा   शांत

1. यह दृश्य बहुत ही ____________ है।
2. यह भवन ____________ है।
3. कन्याकुमारी एक ____________ बीच है।
4. वहाँ स्वामी विवेकानंद की ____________ मूर्ति है।
5. उनकी मुख मुद्रा ____________ है।

घ. लिखकर बताइए–

1. मुंबई में लेखक ने क्या-क्या देखा?

   ____

2. लेखक ने कन्याकुमारी पहुँचते ही क्या देखा?

   ____

3. कन्याकुमारी की सुंदरता के बारे में लिखिए।

   ____

ज़रा सोचिए — Thinking Skills

1. यदि आप ट्रेन से यात्रा करते हुए किसी स्टेशन पर छूट जाएँ तो आप क्या करेंगे? कन्याकुमारी कैसे पहुँचेंगे?
2. आप किसी समुद्रीय तट पर घूमने गए हैं। वहाँ आपने कुछ बच्चों को गंदगी फैलाते देखा है। आप क्या करेंगे? बताइए।

नीति की बात — Value-based Questions

भारत में प्रकृति की सुंदरता चारों ओर दिखाई देती है। इस सुंदरता को बनाए रखने के लिए बच्चे क्या योगदान दे सकते हैं?

शब्दों से — Vocabulary and Grammar

क. अनेक शब्दों के लिए एक शब्द लिखिए– *one word for many*

1. शिक्षा प्रदान करनेवाला ______
2. साथ पढ़ने वाला ______
3. देश-विदेश की यात्रा करने वाला ______
4. सूर्य उदय होने का समय ______
5. सूर्य अस्त होने का समय ______

ख. पाठ में आए छह स्थानवाचक संज्ञा शब्द छाँटिए और लिखिए– *nouns*

1. कन्याकुमारी 2. ______
3. ______ 4. ______
5. ______ 6. ______

ग. संज्ञा शब्द के स्थान पर प्रयोग होने वाले शब्द सर्वनाम कहलाते हैं। नीचे दिए गए वाक्यों को उचित सर्वनाम से पूरे कीजिए– *pronouns*

1. ______ यात्रा का अंतिम पड़ाव कन्याकुमारी था।
2. बहुत दिनों से ______ खत नहीं मिला।
3. ______ एक भव्य इमारत है।
4. ______ की प्राकृतिक सुंदरता देखते ही बनती है।
5. ______ कैसे हो?

घ. जो सर्वनाम शब्द विशेषण का कार्य करे उसे सार्वनामिक विशेषण कहते हैं, जैसे–

यह इमारत भव्य है।

नीचे दिए गए वाक्यों में लिखिए कि रेखांकित शब्द सर्वनाम है अथवा सार्वनामिक विशेषण–

1. इस बीच की सुंदरता देखते ही बनती है। ____________
2. यह गोवा का समुद्रतट है जो देशभर में प्रसिद्ध है। ____________
3. इन धान के हरे-भरे खेतों के बीच मकान भी बहुत सुंदर दिखते थे। ____________
4. इसके दक्षिण में हिंद महासागर है। ____________

सुनना-कहना — Listening Speaking Skills

अपनी किसी भी यात्रा के बारे में अपनी छोटी बहन को फ़ोन पर बताइए। इस वार्ता का अपने मित्र के साथ अभिनय करके दिखाइए।

कलम से — Writing Skills

अपने दादा जी को कन्याकुमारी से एक 'ई-मेल' भेजिए और बताइए कि आप वापस कब आने वाले हैं–

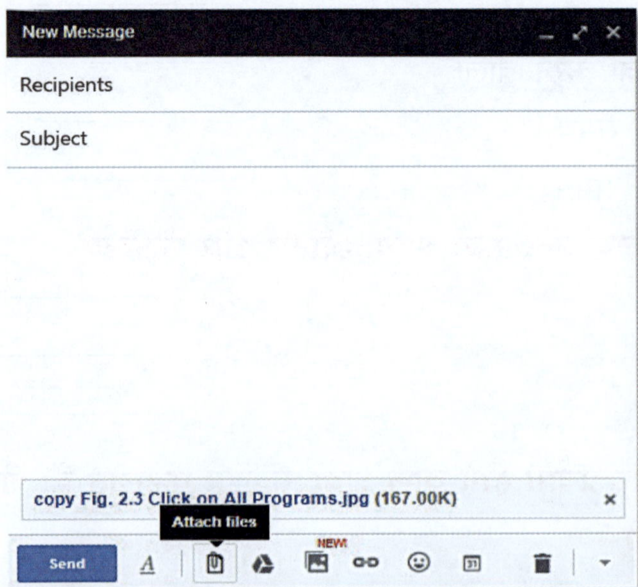

खेल-खेल में — Cross-Curricular Activities

1. छुट्टियों में आप कौन-कौन-सी जगह घूमने गए हैं? उनकी तस्वीरें अपनी डायरी में इस क्रम से लगाइए कि वह एक कहानी लगे।
2. पता लगाइए कि अमेरिका और भारत की खोज किसने की थी। उन लोगों के बारे में जानकारी एकत्र करके पोस्टर बनाइए और कक्षा में लगाइए।

4 किशोर की समझदारी

कोई दो सवाल लिखिए जिनके जवाब आप जानना चाहते हैं।

____

____

हम जानेंगे

- किशोर की समझदारी के बारे में
- पुल्लिंग शब्दों से स्त्रीलिंग शब्द बनाना
- लिंग शब्द
- नया शीर्षक बनाना
- वर्ण विच्छेद

एक राजा यह जानना चाहता था कि ईश्वर कहाँ रहता है, वह कैसे मिलता है और वह क्या करता है। उसने पूरे राज्य में यह घोषणा करवा दी थी कि जो कोई उसके इन तीन सवालों के सही-सही उत्तर देगा, उसे राज्य की ओर से भरपूर इनाम दिया जाएगा।

जिस दिन से यह घोषणा हुई थी, कोई न कोई व्यक्ति नित्य ही राजसभा में आकर उन सवालों का जवाब दिया करता था। ऐसा नहीं था कि राजा को अपने एक भी सवाल का सही जवाब न मिला हो, पर किसी एक ही व्यक्ति से तीनों का सही जवाब नहीं मिला था। राजा इन जवाबों से संतुष्ट नहीं थे। इस घोषणा के दसवें दिन दरबान ने सूचना दी कि एक किशोर महाराज के तीनों सवालों का सही जवाब देने के लिए राजसभा में आना चाहता है।

यह सुनते ही सभी सभासद हैरान! भला जो जवाब विद्वानों के पास नहीं हैं, वे एक नादान के पास कैसे हो सकते हैं। महाराज के साथ इससे बड़ी कोई मसखरी नहीं हो सकती।

महाराज की ओर से आज्ञा मिलते ही दरबान किशोर को राजसभा में ले आया।

घोषणा - एलान (announcement), नित्य - रोज़ (daily), संतुष्ट - राज़ी (satisfied), मसखरी - शरारत (mischief)

किशोर ने राजा को नमस्कार करने के साथ ही निवेदन किया, "महाराज, मैं एक बार तीनों सवाल आपके श्रीमुख से सुनना चाहता हूँ। हो सकता है आपके मन में कोई और सवाल हों परंतु घोषणा कुछ और कर दी गई हो।"

महाराज किशोर के आत्मविश्वास से प्रभावित हुए बिना न रह सके।

"ध्यान से सुनना! मेरा पहला सवाल है कि ईश्वर कहाँ रहता है? दूसरा सवाल है कि ईश्वर कैसे मिलता है? और अंतिम सवाल है कि ईश्वर क्या करता है?"

किशोर ने राजा के सम्मुख निवेदन किया, "महाराज, यदि आपकी अनुमति हो तो मैं आपको पिलाने के लिए थोड़ा दूध और चीनी मँगवाना चाहता हूँ।"

महाराज का आदेश मिलते ही दूध और चीनी लाई गई।

किशोर ने महाराज और सभी सभासदों को दोनों चीज़ें अलग-अलग दिखाकर चीनी को दूध में मिला दिया। वह दूध राजा की ओर बढ़ाकर उसने निवेदन किया, "महाराज, इसे पीने की कृपा करें।"

जब महाराज दूध के दो घूँट पी चुके, तब उनसे पूछा, "दूध कैसा है?"

महाराज ने चेहरे पर मुस्कान लाते हुए बताया, "मीठा।"

किशोर ने अगला सवाल किया, "इसमें चीनी कहाँ है?"

महाराज ने लापरवाही से उत्तर दिया, "चीनी तो घुल गई, अब वह सारे दूध में है।"

"यही आपके पहले प्रश्न का उत्तर है। जैसे, दूध के कण-कण में चीनी है, उसी प्रकार ईश्वर भी संसार के कण-कण में है।"

महाराज और सभासद अवाक्!

किशोर ने राजा को चेताया, "महाराज, अब थोड़ा दही मँगवा दीजिए।" दही मँगवाया गया।

दही भरा बरतन हाथ में लेकर किशोर ने पूछा, "महाराज, क्या दही में मक्खन है?"

आत्मविश्वास - खुद पर भरोसा (self-confidence), सम्मुख - सामने (front), निवेदन - आग्रह (request), अवाक् - दंग (amazed)

राजा ने हँसते हुए कहा, "निश्चित रूप से है।"

किशोर ने हैरानी जताई, "कहाँ है, मुझे तो दिखाई नहीं दिया।"

राजा ने समझाया, "मूर्ख बालक, दही बिलोने से निकलेगा, ऐसे दिखाई नहीं देगा।"

किशोर ने स्वीकारा, "ओह, यह बात है! महाराज, आपके दूसरे सवाल का जवाब भी यही है। जैसे, दही बिलोने से मक्खन निकलता है वैसे ही भक्ति और विश्वास से मन को मथने से ईश्वर रूपी मक्खन मिल जाता है।" राजा के चेहरे पर क्षणभर को खुशी झलकी और लोप भी हो गई। इससे पहले कि राजसभा में 'वाह!' 'बहुत खूब!' का दौर शुरू हो, महाराज ने अपना तीसरा सवाल उछाला, "अब लगे हाथ, ईश्वर का काम भी बता दीजिए।"

किशोर ने कहा, "इसका उत्तर तो कोई गुरु ही दे सकता है। आप मुझे अपना गुरु मानें तो मैं इसका भी उत्तर दे सकता हूँ।"

महाराज ने हथियार डाल दिए, "ठीक है, आप मेरे गुरु हुए।"

किशोर ने कहा, "गुरु का स्थान सदा ऊँचा होता है। आप मेरी जगह आ जाएँ और मुझे उस ऊँचे आसन पर बैठने दें।" बहुत विचार के बाद राजा ने किशोर की बात मान ली।

दोनों के आसन की अदला-बदली पूरी होते ही राजा ने बेसब्री दिखाई, "अब बताइए, मेरे तीसरे सवाल का सही जवाब।"

किशोर चेहरे पर मृदु मुस्कान लाते हुए बोला, "आप अपने तीसरे सवाल का जवाब तो साक्षात देख ही रहे हैं। यही नहीं, उस स्थान पर बैठकर ईश्वर की करनी को भोग भी रहे हैं। ईश्वर किसी को भी एक क्षण में राजा से रंक और रंक से राजा बना सकता है। आप राजा होकर भी नीचे बैठे हैं और मैं निर्धन किशोर होकर भी सिंहासन पर बैठा हूँ।"

बिलोना - मथना (to churn), साक्षात - आँखो के सामने (personified)

अपनी बात पूरी करते ही किशोर सिंहासन से उठा और राजा के करीब आया तथा आदर के साथ उन्हें उनके सिंहासन तक ले गया। जब तक वे सिंहासन पर विराजमान नहीं हो गए, उनके सम्मुख नतमस्तक खड़ा रहा।

किशोर के उत्तर, करतब और आचरण ने राजा सहित पूरी राजसभा को फिर अवाक कर दिया। राजा की प्रसन्नता का तो जैसे कोई ठिकाना ही न था। घोषणा के अनुरूप उन्होंने किशोर को इनाम देकर विदा किया।

हमारी धरती

ईश्वर का सबसे दिया हुआ खूबसूरत तोहफ़ा यह धरती है। अब इसकी परवाह करना हमारी ही तो ज़िम्मेदारी हुई।

नए शब्द

मसखरी श्रीमुख अवाक विराजमान बिलोना विद्वान

पाठ से

Comprehension

क. सोचकर बताइए–

1. राजा के मन में क्या प्रश्न थे?
2. घोषणा के कितने दिन बाद किशोर राजा से मिलने आया?
3. क्या किसी ने भी इससे पहले जवाब नहीं दिया था?
4. अंत में राजा ने क्या किया?

ख. सही उत्तर चुनकर उस पर (✓) लगाइए–

1. राजा कितने सवालों के उत्तर जानना चाहता था?

   i. चार ☐ ii. तीन ☐ iii. दो ☐

विराजमान – राजित (splendid), आचरण – व्यवहार (behaviour), अनुरूप – समान (consistent)

2. महाराजा का आदेश मिलते ही क्या मँगवाया गया?

i. पानी ☐ ii. गुड़ ☐ iii. दूध ☐

3. ईश्वर रूपी मक्खन कैसे प्राप्त होता है?

i. प्रार्थना से ☐ ii. भक्ति से ☐ iii. पूजा से ☐

4. किशोर से प्रभावित होकर राजा ने उसे क्या दिया?

i. इनाम ☐ ii. घर ☐ iii. मोहरें ☐

ग. लिखकर बताइए–

1. किशोर राजा के मुख से ही तीनों प्रश्न क्यों सुनना चाहता था?

____

2. पहले प्रश्न का उत्तर किशोर ने कैसे दिया?

____

3. तीसरे प्रश्न का उत्तर देने के लिए किशोर ने क्या किया?

____

ज़रा सोचिए — Thinking Skills

1. क्या होता यदि किशोर राजा के प्रश्नों के उत्तर देकर उन्हें संतुष्ट नहीं कर पाता?

2. मनुष्य का प्रथम गुरु कौन होता है?

नीति की बात — Value-based Questions

जीवन में सफलता और सम्मान पाने के लिए क्या आवश्यक है?

शब्दों से — Vocabulary and Grammar

क. लिंग शब्द **व्यक्ति के स्त्री अथवा पुरुष होने का बोध कराते हैं। नीचे लिखे शब्दों के स्त्रीलिंग शब्द लिखिए–** *gender*

1. महाराजा ________	2. बालक ________
3. किशोर ________	4. पुरुष ________
5. विद्वान ________	6. राजा ________

ख. रेखांकित शब्दों के विलोम शब्द रिक्त स्थान में भरिए– *opposites*

1. वह दंड का नहीं ______________ का हकदार है।
2. मैं अपने परीक्षा परिणाम से संतुष्ट हूँ ______________ नहीं।
3. मेरे पास तुम्हारे प्रश्न का ______________ नहीं है।
4. वह रंक था पर अब ______________ हो गया।
5. तुम्हारा व्यवहार उचित नहीं ______________ है।

ग. संज्ञा की विशेषता बताने वाले शब्द विशेषण कहलाते हैं। नीचे दिए गए शब्दों के सामने उचित विशेषण शब्द लिखिए– *adjectives*

1. ______________ राजा
2. ______________ राजसभा
3. ______________ किशोर
4. ______________ सिंहासन
5. ______________ दरबारी
6. ______________ महल

सुनना-कहना

Listening Speaking Skills

1. **अपने बचपन में नानी या दादी से सुनी राजा या रानी की कोई कहानी सुनाइए। इसमें आप विशेषण और मुहावरों का भी प्रयोग कीजिए।**
2. **इस कथा के लिए आप नया शीर्षक सोचकर कक्षा में तर्क सहित बताइए।**

कलम से

Writing Skills

यदि स्वप्न में ईश्वर आपसे दो वरदान माँगने को कहें तो आप क्या माँगेंगे, लिखिए–

____

____

____

____

____

खेल-खेल में

यदि आपको एक दिन के लिए राजा बना दिया जाए तो आप अपनी प्रजा के लिए क्या-क्या करना चाहेंगे? कक्षा में पाँच समूह बनाकर एक एकांकी तैयार कीजिए और अभिनय कीजिए। एकांकी के लिए पात्र, स्थान और मंच को सजाने की सामग्री का विवरण यहाँ लिखिए–

- स्थान

  ____

  ____

- मंच सजाने की सामग्री

  ____

  ____

- पात्र

  ____

  ____

- किरदारों के कपड़े

  ____

  ____

5 एक बूँद

पानी के तीन स्रोतों के चित्र बनाइए–

हम जानेंगे

- पानी की एक छोटी बूँद के बारे में
- समानार्थी शब्द
- जातिवाचक संज्ञा
- अनुस्वार व अनुनासिक

ज्यों निकलकर बादलों की गोद से
थी अभी एक बूँद कुछ आगे बढ़ी,
सोचने फिर-फिर यही जी में लगी
हाय, क्यों घर छोड़कर मैं यों बढ़ी।

देव मेरे भाग्य में क्या है बदा,
मैं बचूँगी या मिलूँगी धूल में,
या जलूँगी फिर अंगारे पर किसी,
चू पड़ूँगी या कमल के फूल में।

बह गई उस काल एक ऐसी हवा,
वह समंदर ओर आई अनमनी,
एक सुंदर सीप का मुँह था खुला,
वह उसी में जा गिरी, मोती बनी।

लोग यों ही हैं झिझकते, सोचते
जबकि उनको छोड़ना पड़ता है घर,
किंतु घर का छोड़ना अक्सर उन्हें
बूँद लौं कुछ और ही देता है कर।

–अयोध्यासिंह उपाध्याय 'हरिऔध'

जी – मन, दिल (heart), बदा – लिखा (written), चू – टपकना (to drop), काल – समय (time), अनमनी – उदासीन (distraught), सीप – घोंघा (shell), झिझकना – संकोच करना (to hesitate), अक्सर – अधिकतर (often), बूँद लौं – बूँद की तरह (like a drop)

नए शब्द

काल	अनमनी	सीप
झिझकना	बूँद	लौ

हमारी धरती

धरती का सिर्फ़ एक प्रतिशत पानी ही पीने योग्य है इसलिए एक-एक बूँद कीमती है। इसे बर्बाद करना ठीक नहीं।

पाठ से

Comprehension

क. सोचकर बताइए–

1. बूँद का घर कहाँ था?
2. बूँद के मन में क्या डर था?
3. बूँद मोती कैसे बनी?
4. क्या अंत में बूँद खुश थी?

ख. कविता की पंक्तियों को पूरा कीजिए–

बह गई उस ________ एक ऐसी ________,

वह ________ ओर आई ________,

एक सुंदर ________ का मुँह था ________,

वह उसी में जा गिरी, ________ बनी।

ग. लिखकर बताइए–

1. बादलों की गोद से कौन निकला?

____

2. बूँद के मन में क्या डर था?

____

3. लोग घर छोड़ते वक्त क्या सोचते हैं?

____

4. बूँद का भाग्य कैसा था?

____

ज़रा सोचिए

Thinking Skills

आपको कौन-कौन से काम करने में झिझक महसूस होती है? अपने संकोच पर आप किस तरह विजय पाते हैं?

नीति की बात — Value-based Questions

जीवन में बड़े-बड़े काम करने के लिए सहारे की नहीं अथवा साहस और सूझ-बूझ की ज़रूरत होती है। क्या आप इस बात से सहमत हैं?

शब्दों से — Vocabulary and Grammar

क. रेखांकित शब्दों के समानार्थी शब्द लिखिए– *synonyms*

1. अचानक तेज़ हवा बहने लगी। ______
2. मेरा घर बहुत सुंदर है। ______
3. शाम होते ही बादल घिर आए। ______
4. समुंदर में ऊँची-ऊँची लहरें उठने लगीं। ______
5. पानी ठंडा होने लगा है। ______

ख. नीचे लिखे वाक्यों में से जातिवाचक संज्ञा शब्द छाँटकर लिखिए– *nouns*

1. कौआ पेड़ पर रहता है। ______ ______
2. पुस्तक मेज़ पर रखी है। ______ ______
3. बादलों से एक बूँद गिरी। ______ ______
4. फूल-पत्ते रंग-बिरंगे होते हैं। ______ ______
5. बच्चे पाठशाला जाते हैं। ______ ______

ग. अनुस्वार ं एवं अनुनासिक ँ सही स्थान पर लगाकर शब्द दोबारा लिखिए– *vowel symbols*

1. ज्यो – ______		2. बचूगी – ______
3. समुदर – ______		4. बूद – ______
5. पढ़ूगी – ______		6. सुदर – ______
7. यो – ______		8. मुह – ______
9. कितु – ______		10. मिलूगी – ______

सुनना-कहना — Listening Speaking Skills

कक्षा में एक आशुभाषण प्रतियोगिता आयोजित कीजिए और दिए गए विषयों में से किसी एक पर एक मिनट तक लगातार बोलिए–

1. पानी 2. पेड़ 3. चिड़िया 4. हवा

कलम से

Writing Skills

बादल कैसे बनते हैं तथा बारिश किस प्रकार होती है? पाँच-छह वाक्यों में लिखिए और जल चक्र का चित्र बनाइए–

खेल-खेल में

Cross-Curricular Activities

कक्षा में जल बचाओ पर एक प्रश्नोत्तरी आयोजित कीजिए और दी गई तरकीबों पर अमल कीजिए–

1. जितने जल की ज़रूरत हो केवल उतना ही इस्तेमाल करें।
2. पानी के इस्तेमाल के बाद नल को कस कर बंद कर दें।
3. ब्रश करते समय, बरतन और कपड़े धोते समय नल को चलते रहने न दें। ज़रूरत के मुताबिक ही नल को खोलें।
4. नल लीक करने की स्थिति में मिस्त्री को तुरंत बुलाकर ठीक कराएँ।
5. ऐसी वाशिंग मशीन का इस्तेमाल करें जिससे पानी की बचत हो।
6. बाल्टी या बोतल में पानी बचने की स्थिति में उसको फेंकने के बजाय पौधों में डाल दें।
7. फलों या सब्ज़ियों को धोने के बाद उस पानी को क्यारियों व गमलों में डाल दें।

6 एक त्योहार दो मौसम

क्रिसमस ट्री और उसको सजाने वाली वस्तुओं के चित्र देखिए। आप कितनी वस्तुओं को पहचानते हैं, बताइए।

हम जानेंगे

- त्योहारों के बारे में जानकारी
- 'क्रिसमस' त्योहार के बारे में
- विशेषण शब्दों की पहचान
- समानार्थी शब्द
- वाक्य प्रयोग

भारत को त्योहारों का देश भी कहा जाता है। यहाँ प्रायः नित्य ही कोई-न-कोई त्योहार देश के किसी-न-किसी राज्य में मनाया जाता है। कुछ महत्वपूर्ण त्योहार हैं, दीवाली, दशहरा, होली और मकर संक्रांति। मकर संक्रांति के आसपास कहीं लोहड़ी, कहीं पोंगल, कहीं बिहू मनाया जाता है। ईद और क्रिसमस, इस्लाम और ईसाई धर्म के त्योहार हैं परंतु, सभी देशवासी इन्हें मनाते हैं। सभी त्योहार अपने-अपने मौसम में बारी-बारी से आते हैं और चले जाते हैं।

अब अगर कोई आपसे पूछे कि कौन-सा त्योहार है जो सारे संसार में मनाया जाता है तो आप क्या उत्तर देंगे? वह त्योहार है, क्रिसमस।

क्रिसमस दिसंबर की पच्चीसवीं तिथि को मनाया जाता है, परंतु इसकी तैयारियाँ बहुत पहले से प्रारंभ हो जाती हैं। क्रिसमस ट्री, सांता क्लॉज की टोपियाँ, घंटियाँ, मोमबत्तियाँ, केक, चॉकलेट आदि से बाज़ार सजने लगते हैं। लोग अपने-अपने मित्रों, परिचितों और संबंधियों के लिए उपहार खरीदना प्रारंभ कर देते हैं

तिथि - तारीख (date), परिचित - जान-पहचान वाला (known person),

क्योंकि उपहारों का आदान-प्रदान इस त्योहार की खास पहचान है।

बच्चों को यह त्योहार विशेष प्रिय है। उन्हें एक प्रचलित प्रथा पर विश्वास है जिसके अनुसार सांता क्लॉज़ नामक एक वृद्ध किसी बर्फ़ीले प्रदेश से आता है। उसकी गाड़ी को 'रेंडियर' हिरन खींचते हैं। सांता क्लॉज़ प्रत्येक बच्चे को उसका उपहार दे जाता है। इसके लिए क्रिसमस ट्री के साथ कुछ मोज़े भी लटका दिए जाते हैं। सांता क्लॉज़ उन्हीं में बच्चों के उपहार रख जाता है। रातभर सांता की प्रतीक्षा करते-करते बच्चे सो जाते हैं और सुबह उठने पर सबसे पहले मोज़े ढूँढ़ते हैं या अपने सिरहाने रखे उपहार तलाशते हैं। उपहार मिल जाने पर उनकी खुशी का ठिकाना नहीं रहता।

कनाडा, अमेरिका, इंग्लैंड सहित संपूर्ण यूरोप, रूस आदि देशों में क्रिसमस की चहल-पहल देखते ही बनती है। ये सब ठंडे देश हैं। हिमपात यहाँ प्रतिवर्ष होता है। ऐसे में क्रिसमस की सजधज, सांता के गरम कोट, दस्ताने और टोपियाँ, फ़र या स्प्रूस का क्रिसमस ट्री, सब मिलकर एक कल्पना लोक-सा लगने लगता है।

चौबीस-पच्चीस दिसंबर की मध्यरात्रि को गिरजाघरों में विशेष प्रार्थनाएँ होती हैं। क्रिसमस गीत (कैरोल) गाए जाते हैं और बधाइयाँ दी जाती हैं। क्रिसमस केक काटा जाता है और लोग मौज-मस्ती करते हैं। अगले दिन मित्रों से मिलना-जुलना और उपहारों का आदान-प्रदान होता है। कहीं-कहीं तो यह पहली जनवरी (नव वर्ष) तक चलता है। इसलिए इस त्योहार को क्रिसमस सीज़न या फेस्टिवल सीज़न (त्योहारों का मौसम) भी कहा जाता है।

प्रचलित - लोकप्रिय (popular), आदान-प्रदान - लेना-देना (to give and take)

एक ऐसा देश भी है जहाँ क्रिसमस गरमियों में मनाया जाता है। क्यों, चौंक गए न! जी हाँ, यह सच है। ऑस्ट्रेलिया में क्रिसमस गरमियों में मनाया जाता है, क्योंकि आस्ट्रेलिया में दिसंबर में गरमी होती है। वहाँ के बच्चों के लिए सांता क्लॉज़ को सरदी से बचाने वाला लाल सूट अनजाना होता है। इसलिए उसे कभी-कभी तैरने वाली पोशाक में कोई शीतल पेय पीता हुआ भी दिखाया जाता है। आस्ट्रेलिया में बर्फ़ तो पड़ती नहीं, इसलिए वहाँ सांता की रेंडियरों वाली बर्फ़ की गाड़ी भी नहीं होती। जो भी हो, सांता आता है और बच्चों को उनके उपहार ऐसे ही दे जाता है, जैसे बाकी दुनिया में।

हमारी धरती

क्रिसमस में हम एक-दूसरे को उपहार देते हैं। क्यों न इस बार क्रिसमस में अपनी धरती को उपहार दें, एक-एक पेड़ लगाकर!

नए शब्द

क्रिसमस सांता क्लॉज़ कैरोल फेस्टीवल सीज़न ऑस्ट्रेलिया रेंडियर

पाठ से

Comprehension

क. सोचकर बताइए–

1. भारत को त्योहारों का देश क्यों कहा जाता है?
2. ऐसा कौन-सा त्योहार है जो सारे संसार में मनाया जाता है?
3. सांता क्लॉज़ किस गाड़ी में आते हैं?
4. क्रिसमस के दिन कहाँ पर सरदी और कहाँ पर गरमी होती है?

हिमपात – बर्फ़ गिरना (snowfall), शीतल – ठंडा (cold)

ख. नीचे लिखे वाक्यों के सामने सही (✓) का चिह्न लगाइए–

1. क्रिसमस को हिंदी में क्या कहते हैं?

   i. बड़ा दिन ☐ ii. भला दिन ☐

2. यह दिन किस तारीख को मनाया जाता है?

   i. 20 जनवरी ☐ ii. 25 दिसंबर ☐

3. इस दिन बच्चों को उपहार देने कौन आता है?

   i. सांता क्लॉज़ ☐ ii. रेंडियर ☐

4. क्रिसमस किस देश में गरमियों में मनाया जाता है?

   i. अमेरिका ☐ ii. ऑस्ट्रेलिया ☐

ग. लिखकर बताइए–

1. कुछ महत्वपूर्ण त्योहारों के नाम लिखिए।

   ____

2. सांता क्लॉज़ क्रिसमिस के दिन से कैसे जुढ़ा हुआ है?

   ____

3. क्रिसमस का दिन किस तरह मनाया जाता है?

   ____

4. ऑस्ट्रेलिया में क्रिसमस निराले ढंग से क्यों मनाया जाता है?

   ____

ज़रा सोचिए

Thinking Skills

'त्योहार आपसी स्नेह तथा भाईचारे को बढ़ाते हैं।' ज़रा सोचकर बताइए, कैसे?

नीति की बात

Value-based Questions

त्योहार केवल खुशियों से जुड़े हैं या उनका कोई अन्य अर्थ भी है? क्या इससे एकता और सहयोग की भावना में सहायता मिलती है?

शब्दों से  Vocabulary and Grammar

क. सही विशेषण शब्द चुनकर रिक्त स्थानों में भरिए– *adjectives*

प्रार्थना   लाल   सफ़ेद   छोटे-छोटे

1. सांता क्लॉज़ __________ रंग के कपड़े पहनता है।
2. उसकी दाढ़ी __________ होती है।
3. गिरजाघरों में विशेष __________ होती है।
4. वह __________ बच्चों के लिए उपहार लाता है।

ख. रेखांकित शब्दों के समानार्थी शब्द लिखकर वाक्य दोबारा लिखिए– *synonyms*

1. क्रिसमस प्रतिवर्ष दिसंबर की पच्चीसवीं तिथि को मनाया जाता है।
   ____
2. लोग संबंधियों और दोस्तों के लिए उपहार खरीदते हैं।
   ____
3. इस समय मौसम ठंडा होता है।
   ____
4. सबके घर अतिथि आते हैं।
   ____
5. सांता क्लॉज़ एक वृद्ध व्यक्ति माना जाता है।
   ____

ग. क्रिया की विशेषता बताने वाले शब्दों को क्रिया विशेषण कहते हैं, जैसे दिनभर, धीरे, तेज़ आदि। नीचे दिए गए वाक्यों में से क्रिया विशेषण छाँटकर लिखिए– *adverbs*

1. यहाँ प्राय: कोई न कोई त्योहार मनाया जाता है। __________
2. बच्चे रातभर सांता की प्रतीक्षा करते हैं। __________
3. सभी त्योहार बारी-बारी से आते हैं। __________
4. लोग ध्यानपूर्वक प्रार्थना करते हैं। __________
5. कहीं-कहीं तेज़ी से हिमपात होता है। __________

सुनना-कहना

Listening Speaking Skills

1. कक्षा में अपने दोस्तों के साथ कोई 'क्रिसमस कैरोल' तैयार कीजिए और कक्षा में गाकर सुनाइए। जैसे, 'जिंगल बैल्ज़ जिंगल बैल्ज़, जिंगल ऑल द वे'
2. अपने किसी सहपाठी से पूछिए कि क्रिसमस के दिन उनके घर में और क्या-क्या होता है। कक्षा में बातचीत करके बताइए।

कलम से

Writing Skills

1. मान लीजिए, आप क्रिसमस के दिन अमेरिका में अपने विदेशी मित्र के घर हैं। वहाँ आपने क्रिसमस कैसे मनाई? अपने भाई को 'ई-मेल' भेजकर बताइए और फ़ोटोज़ भी भेजिए।
2. क्रिसमस पार्टी का आयोजन आपके विद्यालय में किया जा रहा है। इसके लिए तिथि, समय और स्थान बताते हुए एक निमंत्रण लिखिए–

क्रिसमस पार्टी

तिथि और समय ____________________

स्थान ________________________

आकर्षण ______________________

खेल-खेल में

1. एक क्रिसमस ट्री बनाइए और उसको कक्षा में सजाइए। सजाने के लिए लाइट्स, स्टार्स, घंटियाँ, टॉफी, उपहार, मोज़े वगैरह का इस्तेमाल कीजिए।
2. संसार के मानचित्र में उन देशों में रंग भरकर नाम लिखिए जिनमें क्रिसमस के दौरान गरमी या सरदी होती है।
3. कैलेंडर की सहायता से किस माह में कौन-सा त्योहार और आपके परिवार में किसका जन्मदिन मनाया जाता है, लिखिए—

	जनवरी	फरवरी	मार्च	अप्रैल
त्योहार	____	____	____	____
जन्मदिन	____	____	____	____
	मई	जून	जुलाई	अगस्त
त्योहार	____	____	____	____
जन्मदिन	____	____	____	____
	सितंबर	अक्टूबर	नवंबर	दिसंबर
त्योहार	____	____	____	____
जन्मदिन	____	____	____	____

7 भूल जो भुलाए न बने

हम जानेंगे

- गांधी जी के बचपन के बारे में
- उनकी सच बोलने की आदत के बारे में
- वाक्य प्रयोग
- 'है' और 'हैं' का अभ्यास
- वचन बदलना
- श्रुतिसम भिन्नार्थक शब्दों का अभ्यास

गांधी जी को हम और किन नामों से जानते हैं? दो अन्य नाम लिखिए–

________________ ________________

मेरा नाम मोहनदास है। मेरे पिता का नाम करमचंद गांधी था। वे राजकोट के दीवान थे। वे सत्यप्रिय, साहसी और उदार व्यक्ति थे। वे बहुत न्यायप्रिय थे। मेरी माता का नाम पुतलीबाई था। उनका स्वभाव बहुत मृदुल था। पूजा-पाठ किए बिना वे भोजन नहीं करती थीं।

मेरा जन्म 2 अक्टूबर 1869 को गुजरात के पोरबंदर में हुआ था। वहाँ से पिता जी जब राजकोट गए तब मेरी उम्र सात वर्ष रही होगी। अपने आचरण की ओर मैं बहुत ध्यान देता था। यदि कोई भूल हो जाती थी तो मेरी आँखों में आँसू आ जाते थे। मुझे याद नहीं पड़ता कि मैंने कभी भी किसी शिक्षक या लड़के से झूठ बोला हो।

मैंने पुस्तकों में पढ़ा था कि खुली हवा में घूमना स्वास्थ्य के लिए लाभदायक होता है। यह बात मुझे अच्छी लगी और तभी से मैंने सैर करने की आदत डाल ली। इससे मेरा शरीर तगड़ा हो गया।

एक भूल की सज़ा मैं यह लिखने के दिन तक पा रहा हूँ। मेरे मन में यह विचार बैठ गया था कि ठीक से पढ़ना और उसे याद रखना ही पर्याप्त है।

सत्यप्रिय – सत्यवादी (truthful), न्यायप्रिय – न्यायसंगत (just), मृदुल – मधुर (soft), आचरण – व्यवहार (behaviour)
पर्याप्त – काफ़ी (enough)

पढ़ाई के साथ-साथ लिखावट भी अच्छी हो, यह कतई ज़रूरी नहीं। आगे चलकर दूसरों के द्वारा लिखे गए मोती जैसे अक्षर को देखकर मैं अपनी लिखावट पर बहुत पछताया। बाद में मैंने अपनी लिखावट सुधारने का प्रयत्न भी किया, पर तब तक बहुत देर हो चुकी थी। घसीटा मारकर लिखने की आदत पुख़्ता हो चुकी थी।

सुलेख शिक्षा का ज़रूरी अंग है। उसके लिए चित्रकला सीखनी चाहिए। बच्चा जब चित्रकला सीखकर चित्र बनाना जान जाता है, तब यदि वह अक्षर लिखना सीखे तो उसके अक्षर मोती जैसे हो सकते हैं।

मैं हाई स्कूल में मंदबुद्धि विद्यार्थी नहीं माना जाता था। मुझे अपनी होशियारी पर कोई गर्व नहीं था। इनाम या छात्रवृत्ति पाने पर मुझे आश्चर्य होता था। अपने आचरण की मुझे चिंता रहती थी। मेरे हाथों कोई ऐसा काम हो जिसके लिए शिक्षक मुझे दंड दें, यह मेरे लिए असहनीय था।

मुझे याद है कि एक बार मुझे मार खानी पड़ी थी। मुझे मार का दुख नहीं था पर मैं दंड का पात्र समझा गया, इस बात का बहुत दुख था। यह बात पहली या दूसरी कक्षा की है।

दूसरी बात सातवीं कक्षा की है। हमारे मुख्याध्यापक ने ऊपर की कक्षा के छात्रों के लिए व्यायाम और क्रिकेट को अनिवार्य कर दिया था। मेरा मन इनमें नहीं लगता था। खेलना अनिवार्य होने के पहले मैं कभी व्यायाम करने या फुटबॉल खेलने गया ही नहीं था। अब मैं यह मानता हूँ कि व्यायाम के प्रति मेरी यह अरुचि एक गलती थी। पढ़ने के साथ-साथ व्यायाम करना भी बहुत ज़रूरी है।

शनिवार को शाम चार बजे व्यायाम के लिए जाना था। मेरे पास घड़ी नहीं थी। आकाश में बादल थे। इससे समय का पता नहीं चल सका। जब मैं पहुँचा तो सब जा चुके थे।

हमारी धरती

पृथ्वी सभी मनुष्यों की हर ज़रूरत पूरी करने के लिए पर्याप्त संसाधन प्रदान करती है, लेकिन लालच पूरा करने के लिए नहीं।

– महात्मा गांधी

दूसरे दिन मुझसे न आने का कारण पूछा गया। मैंने जो बात थी, बता दी।

पुख़्ता – मज़बूत (strong), मंदबुद्धि – कमज़ोर दिमाग का (slow learner), छात्रवृत्ति – वज़ीफा (scholarship), अनिवार्य – आवश्यक (important), व्यायाम – कसरत (exercise), अरुचि – अच्छा न लगना (dislike)

उन्होंने उसे नहीं माना। मुझे दंड भुगतना पड़ा। मैं झूठा बना। मुझे बेहद दुख हुआ। मैं झूठा नहीं हूँ, यह कैसे सिद्ध करूँ? मेरे पास ऐसा कोई उपाय नहीं था। मैं मन मारकर रह गया। रोया, खूब रोया, पर अकेले में रोया।

बहुत बाद में मेरी समझ में यह बात आई कि सच बोलनेवाले को असावधान नहीं रहना चाहिए।

–मोहनदास करमचंद गांधी

नए शब्द

सत्यप्रिय   न्यायप्रिय   मृदुल   असहनीय   आचरण

पाठ से

Comprehension

क. सोचकर बताइए–

1. गांधी जी के पिता का नाम क्या था?
2. गांधी जी की माता का नाम क्या था?
3. गांधी जी का जन्म कहाँ हुआ था?
4. गांधी जी ने अपने कौन-से गुणों के विषय में चर्चा की है?

ख. रिक्त स्थान में उचित शब्द भरिए–

1. गांधी जी की माता का स्वभाव ____________ था।
2. गांधी जी के पिता ____________ और ____________ व्यक्ति थे।
3. घसीटा मारकर लिखने की आदत ____________ हो गई थी।
4. ____________ या ____________ पाने पर मुझे आश्चर्य होता था।
5. पढ़ाई के साथ-साथ ____________ करना भी बहुत ज़रूरी है।

असावधान - जो सावधान न हो (careless)

ग. लिखकर बताइए–

1. गांधी जी का पूरा नाम क्या है?

2. अच्छी लिखावट कैसे बनाई जा सकती है?

3. मार खाने पर गांधी जी को किस बात का दुख हुआ?

4. व्यायाम के प्रति गांधी जी के क्या विचार थे?

ज़रा सोचिए — Thinking Skills

1. क्या आपने कभी झूठ बोला है? आपको उससे क्या हानि हुई है, बताइए।
2. गांधी जी ने कहा है कि व्यायाम करना भी आवश्यक है। क्या आप उनकी इस बात से सहमत हैं?

नीति की बात — Value-based Questions

सत्य बोलना भी एक व्यायाम है जो जीवन को सुंदर बनाता है और सम्मान दिलाता है। कैसे?

शब्दों से — Vocabulary and Grammar

क. एकवचन शब्दों का बहुवचन रूप लिखिए– *number*

1. आँख ____________ 2. लड़का ____________
3. आदत ____________ 4. कथा ____________
5. नदी ____________ 6. कमरा ____________

ख. पढ़िए और समझिए– *word building*

1. सत्य + प्रिय – सत्यप्रिय
2. न्याय + प्रिय – न्यायप्रिय

नीचे दिए गए शब्दों को जोड़कर नए शब्द बनाकर शब्द लिखिए–

1. मंद + बुद्धि ____________
2. छात्र + वृत्ति ____________
3. मुख्य + अध्यापक ____________

4. लाभ + दायक ______________________

5. चित्र + कला ______________________

ग. दिए गए शब्दों को भाववाचक संज्ञा, जिनसे गुण, दोष और अवस्था का ज्ञान होता हो, में बदलकर लिखिए— *nouns*

1. कमरे की सजावट सुंदर है। (सजाना)
2. सड़क की __________ नापो। (चौड़ा)
3. कम बोलने में ही __________ है। (भला)
4. __________ सेहत के लिए अच्छा नहीं होता (मोटा)

घ. जिन शब्दों का उच्चारण समान होता है परंतु अर्थ और प्रयोग भिन्न होता है, उन्हें भिन्नार्थक अथवा अनेकार्थक शब्द कहते हैं। नीचे दिए गए अनेकार्थक शब्दों के अर्थ देखकर इन शब्दों का प्रयोग अपने वाक्यों में कीजिए— *homonyms*

1. मंद — मूर्ख / धीरे
2. घड़ी — दशा / समय देखने का यंत्र
3. दंड — सज़ा / व्यायाम का प्रकार

____

____

____

____

____

____

सुनना-कहना — Listening Speaking Skills

गांधी जी का मानना था कि स्वच्छता जीवन में आज़ादी जितनी ही महत्वपूर्ण है। आपके मित्र और आप उनके इस सपने को पूरा करने में कैसे सहयोग दे रहे हैं, बताइए।

कलम से — Writing Skills

अपने मित्र को एक पत्र लिखिए जिसमें व्यायाम के लाभ बताते हुए उसे भी व्यायाम करने के लिए प्रेरित कीजिए—

पता ____________________

____

तारीख - ____________________

प्रिय मित्र - ____________________

____

____

____

____

____

तुम्हारा मित्र

____

खेल-खेल में  Cross-Curricular Activities

1. गांधी जी को यह तीन बंदर बहुत प्रिय थे। बताइए, यह तीनों क्या कह रहे हैं? चित्र में रंग भरिए–

2. नीचे दी गई वर्ग पहेली में आठ प्रसिद्ध व्यक्तियों के नामों पर घेरा लगाइए–

बो	स	ठ	ला	ने
प	बि	रा	ला	ह
आ	स्मि	जें	ट	रू
ज़ा	ल	द्र	गां	शा
द	ड	ढ़	धी	स्त्री

कैसे बैठा ऊँट

मदन और अब्दुल्ला गहरे दोस्त थे। एक दिन...
भाई अब्दुल्ला, क्या मैं तुम्हारे गधे को एक दिन के लिए ले सकता हूँ? मुझे बाज़ार जाकर सब्ज़ी बेचनी है?
अरे क्या बताऊँ, मेरा गधा बीमार है। मुझे भी मिट्टी के बरतन बेचने बाज़ार जाना था।
कुछ देर सोचने के बाद
क्यों न सुखिया से एक दिन के लिए उसका ऊँट माँग लें।
हाँ हाँ, इसमें तो हम दोनों का काम बन जाएगा।
सुखिया के घर
सुखिया, हमें एक दिन के लिए तुम्हारा ऊँट चाहिए। शाम तक तुम्हारा ऊँट वापिस भी ले आएँगे।
ठीक है, लेकिन एक बात का ध्यान रखना, मेरा ऊँट बहुत मनमौजी है।
अरे! तुम चिंता ही मत करो, हम सब संभाल लेंगे।
ऊँट घर लाने के बाद
अब्दुल्ला, ऊँट के एक ओर मैं सब्ज़ियाँ बाँध लेता हूँ, दूसरी ओर तुम बर्तन बाँध लेना।
हाँ, हाँ, यही ठीक रहेगा
रास्ते में
अरे अरे, मदन यह ऊँट तो सारी सब्ज़ियाँ खाता जा रहा है।
अरे मित्र, इसने तो मेरा बहुत नुकसान कर दिया।

अब्दुल्ला ने मन ही मन खुश होते हुए कहा- शुक्र है मेरे बर्तनों को कोई नुकसान नहीं पहुँचा।
हाँ, सो तो है। मेरी तो सारी सब्ज़ियाँ ही बरबाद कर दी इसने।
बाज़ार पहुँचकर
अरे भाई मदन, चलो अब इस ऊँट को बिठाया जाए।
हाँ-हाँ चलो!
ऊँट बरतनों वाली ओर बैठने लगा।
अब्दुल्ला भाई, ऊँट तो बर्तनों की ओर बैठ रहा है।
अरे... रे... रे... उठ उठ! अरे कोई संभालो।
देखते ही देखते कई बरतन टूट गए
अरे भाई, ऊँट तो ऊँट है। कब किस करवट बैठे, किसी को क्या पता।
अब आगे से पहले सामान उतारना फिर ऊँट को बिठाना।
मदन और अब्दुल्ला हाथ मलते रह गए। इसलिए कहते हैं कि कब क्या हो जाए, किसी को नहीं पता।

8 साइना नेहवाल

अपनी पसंद के दो खेल और उन्हें खेलने वाले खिलाड़ियों के नाम लिखिए–

______________ ______________ ______________

______________ ______________ ______________

हम जानेंगे

- साइना नेहवाल के व्यक्तित्व के बारे में
- उनके विचारों तथा खेल के बारे में
- क्रिया शब्दों की पहचान
- परिवार के सदस्यों के लिए एक नाम
- विशेषण शब्दों का अभ्यास
- लिंग बदलिए

(रिया, केतकी, मानस और अनुराग क्लब में बैडमिंटन खेल रहे हैं। मैच समाप्त होने के बाद चारों अपनी-अपनी पानी की बोतलों से पानी पी रहे होते हैं कि अचानक केतकी ज़ोर से चिल्ला उठती है, वो देखो, साइना नेहवाल आ रही हैं, तीनों बच्चे तेज़ी से पलट कर देखते हैं तो वाकई साइना नेहवाल क्लब के दरवाज़े से अंदर आ रही होती हैं। चारों भागकर साइना को घेर लेते हैं और बात करने लगते हैं।)

मानस : नमस्ते, साइना दीदी, हम सब आपके बहुत बड़े फ़ैन हैं।

रिया : दीदी, मैं तो आपसे सपने में कई बार मिल चुकी हूँ पर आपको सचमुच में देखकर मैं बहुत खुश हूँ।

केतकी : मुझे तो आपसे न जाने कितने सवाल पूछने हैं। प्लीज़ क्या हम लोग आपसे कुछ सवाल पूछ सकते हैं?

साइना : चलो उधर बैंच पर बैठते हैं, फिर जितने चाहो उतने सवाल पूछो।

अनुराग : दीदी, आपके मम्मी-पापा कितने खुश होते होंगे कि आप जैसी प्रतिभाशाली लड़की ने उनके घर जन्म लिया।

समाप्त - खत्म (finish), प्रतिभाशाली - तीव्र बुद्धिवाला (talented)

साइना : वह तो है, मैं अपने माता-पिता की लाडली बेटी हूँ। लेकिन जब मैं पैदा हुई थी तो मेरी दादी ने कई महीनों तक मेरा मुँह नहीं देखा था क्योंकि वे पोती नहीं बल्कि पोता चाहती थीं।

रिया : सच में दीदी! मेरी दादी तो मुझे बहुत प्यार करती हैं।

केतकी : मेरी भी।

अनुराग : दीदी, क्या आप बचपन से ही बैडमिंटन खेलना चाहती थीं?

साइना : हाँ, मेरी रुचि अन्य खेलों से ज़्यादा बैडमिंटन में ही थी।

रिया : हमने पढ़ा है कि आप कराटे भी जानती हैं। क्या यह सही है दीदी?

साइना : हाँ, मैं कराटे में ब्राउन बेल्ट हूँ।

चारों : अरे वाह!

मानस : दीदी, आपने बैडमिंटन किस उम्र से खेलना शुरू किया?

साइना : बैडमिंटन, मैंने नौ वर्ष की उम्र से खेलना आरंभ कर दिया था। मेरी माँ ऊषा, विश्वविद्यालय स्तर की बैडमिंटन चैंपियन थीं। उन्हीं की प्रेरणा से मैंने पुल्लेला गोपीचंद अकादमी में आरंभिक ट्रेनिंग की। शुरू में मेरे कोच नानी प्रसादराव, गोवर्धन रेड्डी, तथा एस.एम. आरिफ़ थे। बाद में मैंने गोपीचंद जी से प्रशिक्षण लिया। फ़िलहाल मेरे कोच श्री विमल कुमार हैं।

प्रशिक्षण – विशेष शिक्षा (training), आरंभिक – शुरुआत की (to begin)

रिया : दीदी, आपने पढ़ाई और बैडमिंटन दोनों को एक साथ कैसे समय दिया?

साइना : इसके लिए मैंने कड़ा परिश्रम किया है। मैं रोज़ कम से कम 7 से 8 घंटे प्रैक्टिस किया करती थी और आज भी करती हूँ। जानते हो मुझे प्रैक्टिस के लिए घर से लगभग 25 किलोमीटर दूर लाल बहादुर स्टेडियम जाना पड़ता था। इसके लिए मुझे सुबह चार बजे उठना पड़ता था। मेरे पिता मुझे स्कूटर पर बैठाकर स्टेडियम ले जाते।

अनुराग : इतनी सुबह उठकर आपको नींद नहीं आती थी?

साइना : आती थी न। जल्दी उठने के कारण कई बार मुझे नींद के झोंके आ जाते थे। नींद में मैं कहीं गिर न पड़ूँ, इसीलिए जब मैं छोटी थी मेरे पिता मेरी माँ को भी साथ ले चलते थे जो मुझे स्कूटर पर पकड़ कर बैठती थीं। मुझे रोज़ लगभग 50 किलोमीटर का सफ़र तय करना पड़ता था। दो घंटे वे भी वहीं बैठते और फिर वहीं से मुझे स्कूल छोड़ते।

मानस : दीदी, आपने कितनी पढ़ाई की है?

साइना : मैंने अपनी आरंभिक पढ़ाई चौधरी चरण सिंह हरियाणा कृषि विश्वविद्यालय के कैंपस के स्कूल में की। फिर मेरा परिवार 1998 को हैदराबाद आ गया। मैंने 12वीं की परीक्षा सेंट ऐन कॉलेज, मेहदिपट्नम से पूरी की है।

रिया : दीदी, हमें पता है कि आपने बहुत सारे पुरस्कार जीते हैं। आपको कौन-कौन से पुरस्कार मिले हैं?

साइना : मुझे अर्जुन पुरस्कार, पद्मश्री, राजीव गांधी खेल रत्न पुरस्कार और पद्म भूषण पुरस्कार से सम्मानित किया जा चुका है। अच्छा, अब मैं चलती हूँ।

बच्चे : (सभी एक ही स्वर में) बाय, बाय दीदी!

हमारी धरती

खेलों के प्रशिक्षण और प्रतियोगिताओं के लिए मैदानों की देखभाल की जाती है और उनको तैयार किया जाता है।

पुरस्कार - इनाम (awards), सम्मानित - उपाधि देना (to honor)

नए शब्द

करारे ब्राउन बैल्ट प्रैक्टिस कैम्पस कृषि विश्वविद्यालय सम्मानित

पाठ से

Comprehension

क. सोचकर बताइए–

1. साइना नेहवाल किस खेल के लिए प्रसिद्ध हैं?
2. कौन-सी उम्र में साइना ने खेलना शुरू किया था?
3. साइना नेहवाल की आरंभिक शिक्षा कहाँ से हुई?
4. किस स्टेडियम में वह प्रैक्टिस के लिए जाया करती थीं?

ख. सही उत्तर चुनकर (✓) का निशान लगाइए–

1. साइना नेहवाल ने नौ साल की उम्र से कौन-सा खेल खेलना शुरू कर दिया?

   i. क्रिकेट ☐ ii. बैडमिंटन ☐ iii. कबड्डी ☐

2. साइना ने शिक्षा कहाँ आरंभ की?

   i. हरियाणा ☐ ii. हैदराबाद ☐ iii. मेहदिपट्नम ☐

3. साइना कैसे सुबह प्रशिक्षण के लिए जाती थी?

   i. बस से ☐ ii. कार से ☐ iii. स्कूटर से ☐

4. साइना ने किस खेल में ब्राउन बेल्ट ली है?

   i. जूडो में ☐ ii. कराटे में ☐ iii. कुश्ती में ☐

ग. ये वाक्य किसने, किससे कहे, लिखिए–

वाक्य	किसने कहा	किससे कहा
1. हम सब आपके बहुत बड़े फ़ैन हैं।		
2. मुझे तो आपसे न जाने कितने सवाल पूछने हैं।		
3. आप कराटे भी जानती हैं न दीदी।		
4. इतनी सुबह उठकर आपको नींद नहीं आती थी?		
5. मेरी दादी पोती नहीं पोता चाहती थीं।		

घ. लिखकर बताइए–

1. साइना की दादी ने महीनों तक उनका मुँह क्यों नहीं देखा था?
____

2. स्कूटर पर साइना सो न जाए इसके लिए उसके पिता क्या करते थे?
____

3. साइना को कौन-कौन से पुरस्कार मिले हैं?
____

ज़रा सोचिए — Thinking Skills

साइना कड़े परिश्रम से प्रशिक्षण करती थीं। साइना के पापा के पास यदि साइना को सवेरे कोचिंग पर ले जाने का समय न होता तो क्या होता?

नीति की बात — Value-based Questions

बेटी और बेटा एक समान हैं। इनका समाज में एक जैसा लालन-पालन होना चाहिए। आप इस बात से कहाँ तक सहमत हैं?

शब्दों से — Vocabulary and Grammar

क. नीचे लिखे वाक्यों को उचित क्रिया शब्दों से भरिए– *verbs*

1. दादी पोती नहीं पोता ______________।
2. इतनी सुबह आपको नींद नहीं ______________।
3. मैं रोज़ बैडमिंटन ______________।
4. राधा स्कूल ______________।
5. मुझे रोज़ हरी सब्ज़ी खानी ______________।

ख. नीचे दिए गए वाक्यों को 'है' अथवा 'हैं' लगाकर पूरे कीजिए– *spellings*

1. माँ हमारे लिए खिलौने लाती ________।
2. रमा बाहर खेल रही ________।
3. सारा सामान उठाना ________ ।
4. यहाँ बहुत मच्छर ________ ।
5. व्यायाम करना अच्छी आदत ________।

ग. विशेषण प्रायः तीन प्रकार के होते हैं– *adjectives*

- गुणवाचक, जो संज्ञा के गुण, आकार और रंग के बारे बताए।
- संख्यावाचक, जो संज्ञा की संख्या क्रम आदि के बारे में बताए।
- परिमाणवाचक, जो संज्ञा शब्द जिन्हें गिना न जा सके के बारे में बताए।

नीचे दिए गए वाक्यों में से विशेषण शब्द चुनकर सही विशेषण के प्रकार लिखिए–

वाक्य	विशेषण	कैसा विशेषण
1. गरीब लड़का शाम को आया।		
2. मेरे पास सौ रुपए हैं।		
3. थोड़ा-सा दूध दे दो।		
4. यह फ़र मुलायम है।		
5. पहला पेज छोड़कर लिखो।		

सुनना-कहना

Listening Speaking Skills

अपने खेल के अध्यापक से पूछिए कि एक अच्छे खिलाड़ी में क्या-क्या गुण होने चाहिए ताकि आप एक सफल खिलाड़ी बन पाएँ। फिर कक्षा में चार समूह बनाकर इस विषय पर एक वाद-विवाद प्रतियोगिता रखिए।

कलम से

Writing Skills

1. भारत रत्न प्राप्त खिलाड़ियों के बारे में इंटरनेट की सहायता से जानकारी हासिल कीजिए। किसी एक खिलाड़ी से साक्षात्कार लेने के लिए पाँच प्रश्न तैयार कर लिखिए–

____

____

____

____

____

2. भारत रत्न से सम्मानित होने के लिए अपने किसी पसंदीदा खिलाड़ी के लिए एक बधाई संदेश लिखिए–

बधाई संदेश

____

____

____

खेल–खेल में

Cross-Curricular Activities

वर्ग पहेली में से छाँटकर आठ खिलाड़ियों के नाम लिखिए–

म	क	वि	श	व	ना	थ	न	च
सा	लि	एं	ड	र	पे	स	ल	मे
नि	म	हे	श	भू	प	ति	त	री
या	प	च	प	ठ	प	स	ञ	कॉ
मि	वि	रा	ट	को	ह	ली	ज	म
ज़ा	सु	शी	ल	कु	मा	र	प	ग
उ	ज	ध	न	रा	ज	पि	ल	लै

1. ____________ 2. ____________

3. ____________ 4. ____________

5. ____________ 6. ____________

7. ____________ 8. ____________

९ रॉबिनसन क्रूसो

मान लीजिए आपको दो दिन के लिए किसी अनजान जगह पर अकेले रहना है। आप किन तीन चीज़ों की चिंता करेंगे–

_______________ _______________

____

हम जानेंगे

- रॉबिनसन क्रूसो के बारे में
- मुश्किलों का सामना करना
- संज्ञा
- अनेक शब्दों के लिए एक शब्द
- विशेषण

उत्तरी इंग्लैंड में, यॉर्क नामक एक प्रसिद्ध नगर है। रॉबिनसन क्रूसो, वहाँ के एक धनी व्यापारी का बेटा था। क्रूसो जहाज़ से जब दक्षिण अमरीका से अफ्रीका की ओर जा रहा था तभी एक भयंकर तूफ़ान आ गया। कप्तान को लगा कि ऊँची-ऊँची लहरों के थपेड़ों से जहाज़ किसी चट्टान से टकरा कर टुकड़े-टुकड़े हो सकता है। इसलिए उसने यात्रियों को नाव में बिठाकर विशाल समुद्र में उतार दिया। ऊँची लहरों में नाव भी उलट गई। क्रूसो एक साहसिक तैराक था इसलिए काफ़ी दूर निकल गया। एकाएक एक ज़ोरदार लहर ने क्रूसो को उठाकर एक टापू पर पटक दिया। वह अचेत, हो गया और काफ़ी देर तक वहीं पड़ा रहा। जब उसे होश आया तो उसने देखा कि आस-पास उसका कोई साथी नहीं था। वह घबरा गया। जंगली जानवरों और आदिवासियों के डर से वह पहाड़ी की तरफ़ चलने लगा। वह थककर लेट गया और पल भर में उसे नींद आ गई। सुबह जब उसकी आँखें खुलीं तो वह समुद्र तट की ओर चल दिया। अपने जहाज़ को थोड़ी दूरी पर टूटा पड़ा देखकर

साहसिक – हिम्मती (adventurous), थपेड़ – चोट (impact), अचेत – बेहोश (unconscious)

उसे आश्चर्य हुआ। वह तैरकर जहाज़ तक पहुँचा। उसने खाने-पीने की चीज़ों को इकट्ठा किया। टूटे जहाज़ की लकड़ियों को रस्सी से बाँधकर एक बेड़ा बनाया व सामान लादकर ले आया।

अब क्रूसो को कुछ राहत मिली। उसने एक वृक्ष के पास ही अपना डेरा बनाया। एक लकड़ी के तख्ते पर उसने तिथि लिखी। दिनों का हिसाब रखने के लिए वह हर दिन एक छोटा चिह्न बना देता व हर सातवें दिन बड़ा चिह्न। एक महीना पूरा होने पर वह अपने कैलेंडर पर एक रेखा खींच देता। जब खाने की सामग्री खत्म होने लगी तो उसने आस-पास की ज़मीन साफ़ की और खेती करने लगा।

कुछ समय बाद, एक दिन उसने टापू के दूसरी तरफ़ धुआँ उड़ता देखा। वह उस ओर गया। उसने देखा कि कुछ आदिवासी आग के चारों ओर नाच रहे हैं। उन्होंने दो व्यक्तियों को बंदी बना रखा है। नाचते-नाचते एक आदिवासी ने एक बंदी को मार दिया। यह देखकर दूसरा कैदी तेज़ी से क्रूसो की तरफ़ दौड़ा। दो लोग उसके पीछे दौड़े।

क्रूसो को उस लंबे-चौड़े नौजवान से हमदर्दी होने लगी। अपनी बंदूक तानकर, उसने पीछा करने वाले दोनों व्यक्तियों को मार गिराया। बंदूक की आवाज़ सुनकर नौजवान चौंक गया व लपककर क्रूसो के पैरों में गिर गया। क्रूसो ने उसे उठाया और अपने डेरे पर ले गया। जब से क्रूसो यहाँ आया था, उसने किसी और मनुष्य की शक्ल तक नहीं देखी थी। अब कई महीनों के बाद आदमी को देखा था। यद्यपि वे एक-दूसरे की भाषा नहीं समझते थे, परंतु परस्पर विश्वास और प्रेम की भाषा से, वे सुख से रहने लगे।

बेड़ा - लकड़ी से बना तख़्ता (raft), राहत - चैन (relief), सामग्री - सामान (things), चिह्न - निशान (sign)

हमारी धरती

रॉबिनसन क्रूसो ने द्वीप पर पेड़-पौधों से भोजन और घर की व्यवस्था की। हमारी धरती ने ही उसका पोषण किया।

क्रूसो को वह आदमी शुक्रवार को मिला था, इसलिए उसने उसका नाम 'फ्राइडे' रख दिया। एक से दो भले। धीरे-धीरे क्रूसो और फ्राइडे अच्छे मित्र बन गए।

–मूल कथा डैनियल डेफ़ो से रुपांतरित

नए शब्द

व्यापारी   थपेड़े   बेड़ा   यद्यपि   आदिवासी   अफ़्रीका

पाठ से

Comprehension

क. सोचकर बताइए–

1. रॉबिनसन क्रूसो कहाँ का निवासी था?
2. रॉबिनसन क्रूसो जहाज़ से कहाँ जा रहा था?
3. दिनों का हिसाब रखने के लिए वह क्या करता था?
4. किसकी आवाज़ सुनकर आदिवासी डरकर भाग गए?

ख. नीचे लिखे वाक्यों के सामने सही (✓) गलत (✗) का चिह्न लगाइए।

1. यॉर्क नामक नगर उत्तरी अमेरिका में है। ☐
2. क्रूसो अमेरिका की तरफ़ जा रहा था। ☐
3. क्रूसो अपनी यात्रा हवाई जहाज़ से कर रहा था। ☐
4. आदिवासियों ने दो व्यक्तियों को बंदी बना रखा था। ☐
5. क्रूसो को वह आदमी शुक्रवार को मिला था इसलिए उसने उसका नाम 'फ्राइडे' रख दिया। ☐

ग. लिखकर बताइए–

1. समुद्र में तूफ़ान आने पर क्रूसो ने क्या किया?

____

2. दिनों का हिसाब क्रूसो कैसे रखता था?

____

हमदर्दी – सहानुभूति (sympathy)

3. क्रूसो ने आदमी को कैसे बचाया तथा उसका नाम क्या रखा?

____

ज़रा सोचिए — Thinking Skills

1. यदि आप जहाज़ से यात्रा कर रहे होते और किसी टापू पर छूट जाते तो आप क्या करते, बताइए।
2. रॉबिनसन क्रूसो और फ्राइडे एक-दूसरे से किस तरह बातचीत करते होंगे? आप भी अपने दोस्त से इशारों में बात कीजिए।

नीति की बात — Value-based Questions

क्रूसो खुद मुश्किल में थे लेकिन फिर भी उन्होंने फ्राइडे की सहायता की। संकट के समय किसी की सहायता करना कहाँ तक उचित है?

शब्दों से — Vocabulary and Grammar

क. पाठ में आए पाँच-छह संज्ञा शब्दों को छाँटकर लिखिए– *nouns*

________ ________ ________

________ ________ ________

ख. अनेक शब्दों के लिए एक शब्द लिखिए– *one word for many*

1. देश विदेश की यात्रा करने वाला ________
2. साहस का काम करने वाला ________
3. टापू और जंगलों में रहने वाली जाति ________
4. जिसमें तारीख तथा दिन देखते हैं ________
5. समुद्री यात्रा करने वाला साधन ________

ग. नीचे दिए गए संज्ञा शब्दों के बारे में एक-एक विशेषण शब्द लिखिए– *adjectives*

1. नगर सुंदर
2. व्यापारी ________
3. यात्रा ________
4. तूफ़ान ________

सुनना-कहना

Listening Speaking Skills

कक्षा में अपनी किसी साहस से भरी यात्रा के बारे में बताइए। ऐसी यात्रा में आपका क्या योगदान रहा?

कलम से

Writing Skills

1. कल्पना कीजिए कि आपने एक सपना देखा कि आप उड़ रहे हैं। एक अनुच्छेद में लिखिए कि आपने क्या-क्या किया?

____

____

____

2. मान लीजिए आप एक पत्रकार है। अपनी हाल में की गई किसी एक यात्रा की रिपोर्ट लिखिए—

____

____

____

3. नीचे दिए गए विशेषण शब्दों में से कुछ शब्दों का प्रयोग करके 'अपने मित्र' पर एक अनुच्छेद लिखिए—

कर्मठ	शरारती	हँसमुख	ज़िम्मेदार	अच्छा
खिलाड़ी	विश्वास	दयालु	आज्ञाकारी	बुद्धिमान

____

____

____

____

____

खेल-खेल में

Cross-Curricular Activities

रॉबिनसन क्रूसो जब टापू से घर पहुँचा तब तक वह बहुत कमज़ोर हो गया था। उसे बताते हुए कि उसे स्वस्थ रहने के लिए क्या-क्या खाना चाहिए, गोटियों और पासे के साथ साँप-सीढ़ी का खेल खेलिए–

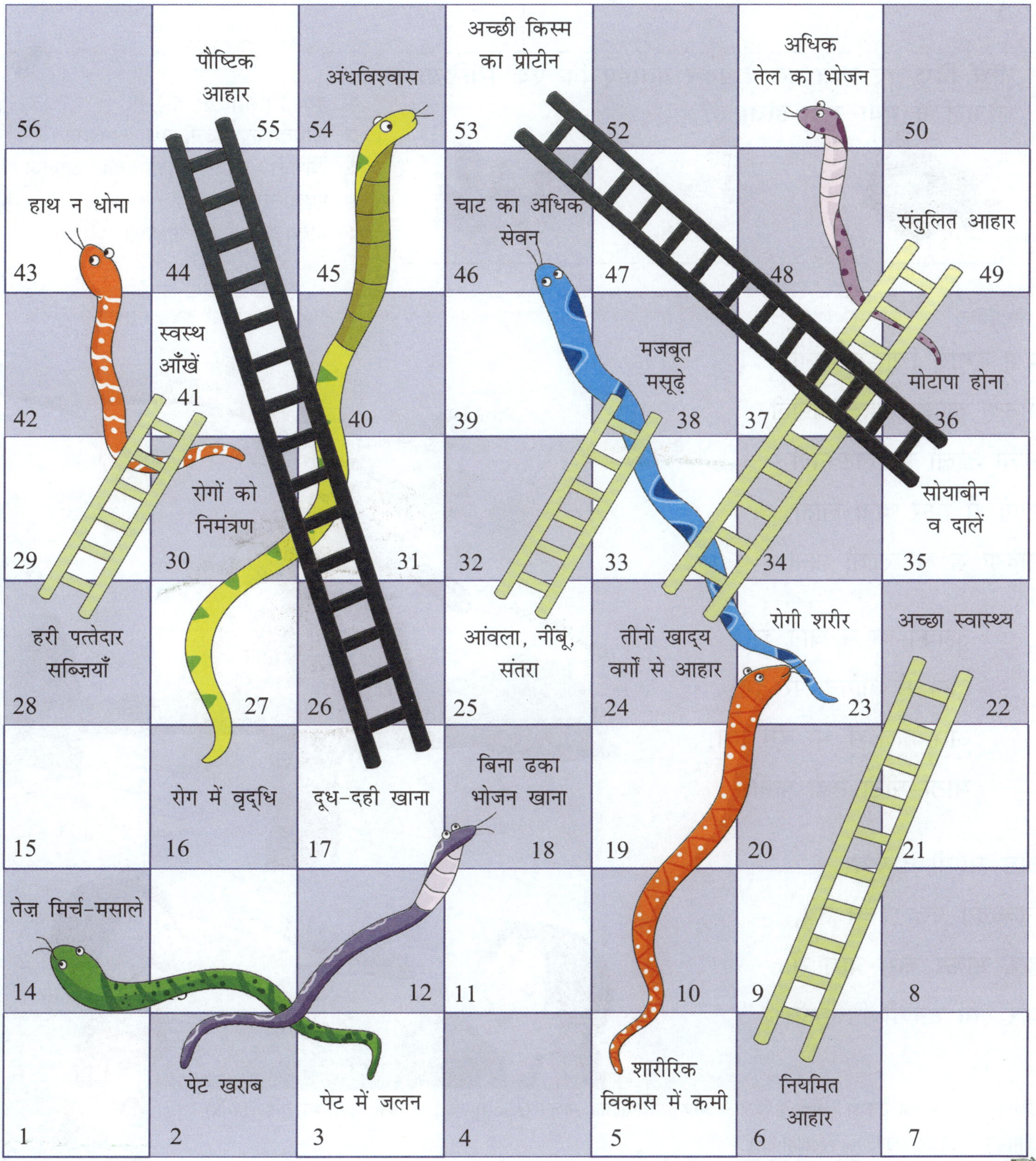

10 बया हमारी चिड़िया रानी

नीचे दिए गए चित्र को देखकर बताइए कि एक चिड़िया के घोंसले में क्या–क्या होता है?

____

हम जानेंगे

- बया चिड़िया के बारे में
- कविता को पढ़ना तथा समझना
- विभिन्न जीव–जंतुओं की आवाज़ पहचानना
- वाक्य प्रयोग का अभ्यास

बया हमारी चिड़िया रानी!
तिनके लाकर महल बनाती,
ऊँची डाली पर लटकाती,
खेतों से फिर दाना लाती,
नदियों से भर लाती पानी।

तुझको दूर न जाने देंगे,
दानों से आँगन भर देंगे,
और हौज़ में भर देंगे हम,
मीठा–मीठा ठंडा पानी।

अंडे सेएगी तू जब,
निकलेंगे नन्हे बच्चे तब,
हम आकर बारी–बारी से
कर लेंगे उनकी निगरानी।

तिनका – घास का टुकड़ा (straw), दाना – बीज, पक्षियों का भोजन (seed), हौज़ – पानी भरने का कुंड (tank), निगरानी – नज़र रखना (surveillance)

फिर जब उनके पर निकलेंगे,
बया बनेंगे, उड़ जाएँगे।
हम तब तेरे पास रहेंगे,
तू रोना मत चिड़िया रानी।
बया हमारी चिड़िया रानी।

–महादेवी वर्मा

हमारी धरती

पक्षी धरती की खूबसूरती ही नहीं बढ़ाते बल्कि पर्यावरण को संतुलित भी रखते हैं। धरती में बढ़ते प्रदूषण के कारण पक्षियों की कई प्रजातियाँ लुप्त होती जा रही हैं।

नए शब्द

बया   हौज़   सेएगी   आँगन

पाठ से

Comprehension

क. सोचकर बताइए–

1. कविता में किस चिड़िया के विषय में बताया गया है?
2. क्या सच में बया महल बनाती है?
3. बच्चे बया को दूर क्यों नहीं जाने देना चाहते?
4. यह कविता किसने लिखी है?

ख. कविता की पंक्तियाँ पूरी कीजिए–

______ हमारी ______ रानी!
तिनके ______ ______ बनाती,
ऊँची ______ पर ______,
खेतों से फिर ______ ______,
______ से ______ लाती ______।

तुझको ______ न जाने देंगे,
______ से ______ भर देंगे,
और ______ में ______ देंगे हम,
______ ______ ठंडा पानी।

पर – पंख (feather)

ग. लिखकर बताइए–

1. बया अपना घोंसला किससे और कहाँ बनाती है?

____

2. वह उसमें क्या-क्या लाकर रखती है?

____

3. बच्चे बया की सहायता कैसे करना चाहते हैं?

____

4. चिड़िया क्यों रोएगी? उसे कौन सांत्वना देगा और कैसे?

____

ज़रा सोचिए — Thinking Skills

जिस तरह बया के बच्चे उड़कर दूर चले जाते हैं, उसी तरह पढ़-लिखकर बच्चे भी अपने माता-पिता से दूर चले जाते हैं। क्या हमारा जीवन भी बया के जीवन जैसा ही नहीं है? ज़रा सोचिए।

नीति की बात — Value-based Questions

पक्षियों को आज़ादी अच्छी लगती है। उन्हें कैद नहीं करना चाहिए। इससे क्या-क्या हो सकता है?

शब्दों से — Vocabulary and Grammar

क. वर्णमाला के क्रम से एक-एक शब्द लिखने का प्रयास कीजिए– *alphabet*

1. क से ङ (क वर्ग) ________ ________ ________ ________
2. च से ञ (च वर्ग) ________ ________ ________ ________
3. ट से ण (ट वर्ग) ________ ________ ________ ________
4. त से न (त वर्ग) ________ ________ ________ ________
5. प से म (प वर्ग) ________ ________ ________ ________

ख. नीचे दिए गए शब्दों को पढ़कर लिंग के अनुसार मेरा अथवा मेरी में लिखिए– *gender*

बया डाली अंडा महल आँगन चिड़िया खेत नदियाँ हौज़ रानी

मेरा	मेरी
______	______
______	______
______	______
______	______
______	______

ग. ये वाक्य पढ़िए समझिए– *homonyms*

मैं तो घर **पर** ही था।

फिर उनके जब **पर** निकलेंगे।

इसी तरह नीचे दिए गए भिन्नार्थक शब्दों का प्रयोग अपने दो वाक्यों में कीजिए–

1. जल ______________________

____

2. आम ______________________

____

3. फल ______________________

____

सुनना-कहना

Listening Speaking Skills

चिड़िया पर कोई और कविता याद कीजिए और कक्षा में सुनाइए।

कलम से

Writing Skills

नीचे दी गई कविता की पंक्तियाँ पढ़कर प्रश्नों के उत्तर दीजिए–

हम पंछी उन्मुक्त गगन के
पिंजरबद्ध न गा पाएँगे,
कनक-तीलियाँ से टकराकर
पुलकित पंख टूट जाएँगे।

हम बहता जल पीनेवाले
मर जाएँगे भूखे-प्यासे,
कहीं भली है कटुक निबौरी
कनक-कटोरी की मैदा से।

क. पंछी कहाँ से बातें कर रहा है?

____

ख. पंछी कैसे खाना खाते हैं?

____

ग. पंछी को आज़ादी के जीवन में क्या दो चीज़ें अच्छी लगती है?

____

खेल-खेल में

Cross-Curricular Activities

चित्र देखकर तालिका में जीव-जंतुओं के नाम के साथ उनकी बोली लिखिए–

बलबलाना	चिंघाड़ना	भिनभिनाना	टर्रटर्राना	रंभाना	दहाड़ना
मिमियाना	हिनहिनाना	चहचहाना	भौंकना	कुहूकना	फुंफकारना

जीव-जंतु	आवाज़ें
1. मधुमक्खी	________
2. मेंढक	________
3. घोड़ा	________
4. कोयल	________
5. शेर	________
6. हाथी	________
7. गाय	________
8. बकरी	________
9. साँप	________
10. ऊँट	________
11. कुत्ता	________
12. चिड़िया	________

11 रिया की डायरी

चित्र देखकर दो राष्ट्रीय त्योहारों के नाम लिखिए–

____

____

हम जानेंगे

- डायरी विधा के बारे में
- डायरी के बारे में
- क्रिया
- उचित विराम चिह्नों की पहचान तथा प्रयोग
- विलोम

12 अगस्त

15 अगस्त आने वाला है। 14 अगस्त को हमारे स्कूल में स्वतंत्रता दिवस मनाया जाएगा क्योंकि 15 अगस्त को तो छुट्टी होती है। हमारी अध्यापिका ने मुझे बताया कि आज़ादी का गीत गाने के लिए हमारी कक्षा में से सिर्फ़ मुझे ही चुना गया है। मैं खुशी से झूम उठी। मेरी माँ बहुत अच्छा गाती हैं। उन्होंने मुझे "सारे जहाँ से अच्छा हिंदोस्ताँ हमारा" गीत गाने को कहा। पहले उन्होंने गा कर सुनाया फिर मैंने खूब अच्छी तरह से उसका अभ्यास किया।

13 अगस्त

स्कूल में मैंने अपने संगीत अध्यापक के साथ अभ्यास किया। पाँचवीं 'बी' के बच्चे समूह गीत गा रहे हैं 'ऐ वतन! ऐ वतन हमको तेरी कसम।' उन्होंने भी दिल लगा कर अभ्यास किया। मैंने भी घर पर खूब अभ्यास किया। मेरे बड़े भैया ने साथ में हारमोनियम भी बजाया। माँ मेरे अभ्यास से खुश थीं।

14 अगस्त

आज हमारे विद्यालय में स्वतंत्रता दिवस मनाया गया। हमारी प्रधानाचार्या ने नौ बजे झंडा फहराया। स्कूल के सभी बच्चों ने बहुत जोश के साथ

करना (practice), वतन – देश, स्वदेश (country), प्रधानाचार्या – प्रधानाचार्य

'जन-गण-मन' गाया। पाँचवीं के बच्चों ने समूह गीत गया 'ऐ वतन! ऐ वतन, हमको तेरी कसम।' फिर मैंने 'सारे जहाँ से अच्छा हिंदोस्ताँ हमारा' गीत गाया। हमारी प्रधानाचार्या ने कहा, "रिया तुमने बहुत अच्छा गीत गया"। मैं खुशी से फूली नहीं समाई। मेरी अध्यापिका ने भी मेरी तारीफ़ की और मेरे सिर पर प्यार से हाथ फेरा। फिर सब बच्चों को मिठाई बाँटी गई। अनीता ने तो एक छोटा-सा तिरंगा अपने बस्ते पर चिपकाया हुआ था। माँ, बड़े भैया और पापा ने भी मुझे शाबाशी दी।

15 अगस्त

15 अगस्त 1947, भारत की आज़ादी का दिन और इसलिए इस खास दिन को एक उत्सव की तरह हर साल भारत में स्वतंत्रता दिवस के रूप में मनाया जाता है। इस दिन भारत के प्रधानमंत्री लाल किले पर तिरंगा फहराते हैं फिर राष्ट्रगान होता है और राष्ट्रगान के बाद प्रधानमंत्री भाषण देते हैं। स्कूली बच्चे और हज़ारों लोग स्वतंत्रता दिवस समारोह में शामिल होते हैं। मैंने, माँ ने, पिता जी ने और बड़े भैया ने टेलीविज़न पर पूरा कार्यक्रम देखा। मैंने अपने घर के दरवाज़े पर एक तिरंगा चिपका दिया। बड़े भैया ने अपने कंप्यूटर पर देशभक्ति के गीत लगा दिए। माँ ने सबकी पसंद का खाना बनाया। शाम को हम सब इंडिया गेट घूमने गए। वहाँ बहुत भीड़ थी। सारा दिन कैसे बीत गया, पता ही नहीं चला। मुझे यह दिन हमेशा याद रहेगा।

हमारी धरती

हमें देश के कोने-कोने में हरियाली बरकरार रखने का प्रयास करना चाहिए।

नए शब्द

हारमोनियम　विद्यालय　स्वतंत्रता　कार्यक्रम　कंप्यूटर

उत्सव - त्योहार (festival)

पाठ से — Comprehension

क. सोचकर बताइए–

1. रिया की डायरी में किस राष्ट्रीय त्योहार की जानकारी है?
2. पाँचवीं कक्षा के बच्चे किस गीत का अभ्यास कर रहे थे?
3. रिया के बड़े भैया ने कौन-सा वाद्य यंत्र बजाया?
4. 15 अगस्त के दिन भारत के प्रधानमंत्री क्या करते हैं?

ख. नीचे दिए गए वाक्यों के सामने (✓) या (✗) का चिह्न लगाइए तथा अपना सही उत्तर रिक्त स्थान में लिखिए–

1. यह डायरी श्रेया ने लिखी है। ☐ ____________
2. मेरे पिता जी भी अच्छा गाते हैं। ☐ ____________
3. 15 अगस्त हमारा राष्ट्रीय त्योहार है। ☐ ____________
4. 1957 में हमने आज़ादी पाई थी। ☐ ____________
5. इस दिन राष्ट्रपति लाल किले पर तिरंगा फहराते हैं। ☐ ____________

ग. लिखकर बताइए–

1. रिया के विद्यालय में किस दिवस की तैयारी चल रही थी?

   ____

2. रिया ने कौन-सा गीत इस कार्यक्रम में गाया?

   ____

3. स्वतंत्रता दिवस किस दिन मनाते हैं और कैसे मनाते हैं?

   ____

ज़रा सोचिए — Thinking Skills

1. 15 अगस्त 1947 के दिन हमें आज़ादी मिली थी। सोचिए, आज हमारे लिए आज़ादी की क्या कीमत है? उसका कितना महत्व है?
2. यदि हम गुलाम देश में पैदा हुए होते तो हमारा जीवन किस तरह का होता?

नीति की बात — Value-based Questions

आप अपने देश को किस प्रकार से सम्मान दे सकते हैं?

शब्दों से  Vocabulary and Grammar

क. नीचे दिए गए शब्दों के विलोम शब्द लिखिए– *opposites*

1. खुश ____________ 4. स्वतंत्रता ____________
2. अच्छा ____________ 5. सुंदर ____________
3. लघु ____________ 6. पसंद ____________

ख. वाक्य के बीच में या अंत में ठहराव के लिए जिन चिह्नों का प्रयोग किया जाता है उन्हें विराम चिह्न कहते हैं। नीचे लिखे वाक्यों में उचित विराम चिह्न लगाइए– *punctuation marks*

1. राघव पानी पीता है
2. मीना रमा लता और सीता सिनेमा देखने गई
3. अरे वाह कितनी सुंदर लग रही हो
4. तुम सब कहाँ जा रहे हो
5. क्या तुम खाना खा चुके हो

। ? !

ग. उचित क्रिया से नीचे दिए गए वाक्य पूरे कीजिए– *verbs*

1. 14 अगस्त को विद्यालय में स्वतंत्रता दिवस मनाया ____________। (जाएगा/खाएगा)
2. बच्चे गाना ____________। (खेलते हैं/गाते हैं।)
3. पक्षी ____________। (पढ़ते हैं/उड़ते हैं)
4. सभी बच्चों ने मिठाई ____________। (खाई/बनाई)
5. मुझे यह दिन हमेशा याद ____________। (चाहेगा/रहेगा)

सुनना-कहना Listening Speaking Skills

1. **अपनी पसंद की एक देशभक्ति की कविता या गाना याद कीजिए और सुनाइए।**
2. **कल्पना कीजिए कि आप देश के एक मान्य नेता हैं। वहाँ सैनिकों को किस तरह संबोधित करेंगे? बारी-बारी से कक्षा में आशुभाषण दीजिए।**

कलम से Writing Skill

26 जनवरी हमारे देश में गणतंत्र दिवस के रूप में मनाया जाता है। यह दिन हम कैसे मनाते हैं? नीचे दिए गए शब्दों का प्रयोग करके एक अनुच्छेद लिखिए–

(इंडिया गेट, परेड, राष्ट्रपति, मुख्य अतिथि, झाँकियाँ, नृत्य और विद्यालयों के बच्चे)

खेल-खेल में

Cross-Curricular Activities

1. तिरंगा झंडा बनाइए तथा उसके बारे में लिखिए-

केसरिया रंग –

सफ़ेद रंग –

हरा रंग –

चक्र –

2. एक तरफ़ से प्रयोग किए गए कागज़ों को एकत्र करके एक डायरी बनाइए। डायरी के कवर को रंग-बिरंगे कागज़ के फूलों से सजाइए। अब इसमें लिखना शुरू कीजिए।

12 खेल के मैदान से

नीचे दिए खेल के प्रतिरूपों को पहचानिए और नाम बताइए—

हम जानेंगे

- मैच में हार–जीत का खेल
- एक अच्छे खिलाड़ी के गुण
- पर्यायवाची शब्द
- सर्वनाम
- मुहावरे

पात्र-परिचय

अनिल	:	एक खिलाड़ी बालक
अंजलि	:	अनिल की बड़ी बहन
चाचा	:	अनिल के चाचा

दृश्य–1

अंजलि : *(धीरे-धीरे)* एक, दो, तीन, चार, पाँच, छह...

अनिल : क्या गिन रही हो, अंजलि?

अंजलि : मैं हिसाब लगा रही हूँ कि मेरा खिलाड़ी भैया, कल कितने गोल से हारा था।

अनिल : क्या बताऊँ, मेरे तो दिल की दिल में ही रह गई। मुझे तो गेंद मिली ही नहीं, वरना मैं दिखा देता कि गोल कैसे किया जाता है। सच कहता हूँ, हमारी टीम उनकी टीम से अच्छी थी।

अंजलि : जी हाँ, टीम तो तुम्हारी अच्छी थी, पर जीत वे गए।

अनिल : यह तो संयोग की बात है।

अंजलि : बिलकुल संयोग की बात है कि उन्होंने छह गोल कर दिए और तुम्हारी टीम से एक भी न हुआ।?

संयोग – मेल (coincidence)

अनिल : तुम तो बेकार बहस कर रही हो।

अंजलि : मैं कहती हूँ कि तुम हारकर भी अपनी हार मानने में क्यों शरमाते हो? हार-जीत तो खेल में लगी ही रहती है। तुम्हें चाहिए कि यह मान लो कि वह टीम तुम्हारी टीम से अच्छा खेलती है और अपने खेल को सुधारने की कोशिश करो। अच्छा खिलाड़ी वह है जो अपने खिलाफ़ टीम के अच्छे खिलाड़ी की भी प्रशंसा करने में न हिचकिचाए।

अनिल : (*सहसा किसी को देखकर*) अरे चाचा जी, आप! यहाँ कब से खड़े हैं?

चाचा : अभी-अभी आया हूँ। हाँ, भई अनिल, कल मैंने तुम्हारा मैच देखा।

अनिल : मैं तो आपको ढूँढ़ रहा था। मुझे विश्वास था कि आप मेरा मैच देखने ज़रूर आएँगे।

चाचा : भई, मैं ज़रा देर से पहुँचा और 'हाफ़ टाइम' के बाद चला आया था। सच तो यह है कि कल तुम लोग बहुत खराब खेले।

अनिल : चाचा जी, बात यह थी कि रेफ़री उनके कैप्टन का दोस्त है। उसने पहली पेनल्टी तो ज़बर्दस्ती दे दी। उसके बाद हम लोगों का मूड खराब हो गया।

अंजलि : नाच न जाने आँगन टेढ़ा!

अनिल : अच्छा चाचा जी, आप ही बताइए, रेफ़री उनकी तरफ़दारी नहीं कर रहा था।

चाचा : सच पूछते हो तो तुम्हारा रेफ़री बहुत अच्छा था।

अंजलि : बात यह है चाचा जी, जो टीम हार जाती है, वह अक्सर रेफ़री को ही दोष देती है।

चाचा : अच्छा खिलाड़ी कभी भी रेफ़री को दोषी नहीं ठहराता।

अनिल : मैं सच कहता हूँ चाचा जी, एक-दो बार तो उसने यों ही सीटी बजा दी थी।

चाचा : खेल के मैदान में भी अनुशासन होना चाहिए। रेफ़री के जजमेंट पर कभी भी शंका नहीं करनी चाहिए। अच्छा, क्या तुम जानते हो तुम्हारी टीम क्यों हारी?

अनिल : असल में कल हम लोग कुछ खेल नहीं पाए।

चाचा : फिर वही बात। मैं बताऊँ तुम क्यों हारे? अच्छा, मैं तुम्हीं से पूछता हूँ, जब तुम्हें गोल के पास गेंद मिली तो तुमने अपने अगले साथी को 'पास' क्यों नहीं दिया? तुमने खुद 'कैरी'

खिलाफ़ – विरुद्ध (against), प्रशंसा – तारीफ़ (praise), अनुशासन – नियम (discipline)

करने की कोशिश की और फुटबॉल हाथ से निकल गई।

अनिल : यूँ ही। वह मुझे दिखाई ही नहीं पड़ा।

चाचा : झूठ! असल बात यह कि तुम चाहते थे कि गोल तुम्हारी 'किक' से हो ताकि लोग यह कहें कि तुमने गोल किया। क्यों ठीक है न?

अनिल : हाँ चाचा जी, यह तो ठीक है।

चाचा : दूसरे शब्दों में यह कहना चाहिए कि तुम्हारी टीम में 'टीम-स्पिरिट' नहीं थी। तुम ही नहीं, बल्कि तुम्हारे और खिलाड़ी भी यह कोशिश कर रहे थे कि गोल करने का श्रेय उन्हें मिले।

अंजलि : दरअसल, टीम की जीत में ही टीम के हर खिलाड़ी की जीत है और टीम की हार में हार।

चाचा : तुम्हारे खिलाफ़ जो टीम थी उसके खिलाड़ियों में यह बात न थी। उनके खिलाड़ी इस बात का प्रयत्न कर रहे थे कि किसी तरह तुम्हारी तरफ़ गोल हो जाए, चाहे उनमें से कोई भी गोल करे।

अनिल : हाँ, यह तो ठीक है। उनके 'सेंटर फ़ारवर्ड' ने गोल के पास आकर अपने 'लेफ्ट आउट' को पास दे दिया था और उसने गोल कर दिया।

चाचा : हमेशा याद रखो कि टीम में रहकर कभी भी व्यक्तिगत लाभ या श्रेय लेने की बात नहीं सोचनी चाहिए। लो, मैं तो बातों में ही खो गया। चार बज गए।

अनिल : अरे! चार बज भी गए। पाँच बजे से तो मैच ही है। चलिए चाचा जी, मैच देखने चलें। हम लोग भी मैच देखने जा रहे हैं। चलिए, आप भी चलें।

दृश्य-2

(स्थान : खेल का मैदान)

(तालियों का शोर। रेफ़री की सीटी की आवाज़)

अंजलि : अब मैच शुरू होने लगा है।

चाचा : बहुत अच्छे। भई, इनका 'फुल बैक' तो खूब है। क्या ज़ोर की 'किक' लगाई है।

अनिल : चाचा जी, इसका नाम बिरजू है। इसकी 'किक' तो एक गोल से दूसरे गोल तक जाती है। देख लीजिएगा, चाचा जी, इनकी तरफ़ ही गोल होगा।

अंजलि : अरे, यह तो गोल हुआ।

(एकदम गोल! गोल! और तालियों का शोर)

अनिल : चाचा जी, यह मोहन भी एक नंबर का खिलाड़ी है। देखा आपने, कैसे फुटबॉल तीन लोगों से निकाल ली और गोल में मार दी।

(बहुत-सी आवाज़ें शाबाश! शाबाश! बक-अप! बक-अप!)

(रेफ़री की सीटी की आवाज़)

अनिल : लगता है फुटबॉल में हाथ लग गया।

अंजलि : पर मोहन ने तो, चाचा जी, फुटबॉल में अपना हाथ लगते ही खुद ही रेफ़री को इशारा कर दिया था।

चाचा : इसी खेल भावना को कहते हैं 'स्पोर्ट्समैनशिप'। देखा, अनिल। इसके चरित्र में यह खूबी है कि अपनी गलती को नहीं छिपाया। इसका यह गुण खेल के मैदान में ही नहीं बल्कि जीवन-क्षेत्र में भी इसे मान प्रतिष्ठा दिलवाएगा।

(रेफ़री की सीटी खेल समाप्त होने के लिए)

चाचा : देखा अनिल, जिनकी तरफ़ गोल हुआ है उनका कैप्टन, जिसने गोल किया था, उसकी पीठ ठोक रहा है और उसके खेल की प्रशंसा कर रहा है।

अनिल : इनका यह कैप्टन बड़ा ही शरीफ़ है। वैसे भी बहुत 'पॉपुलर' है।

चाचा : यही तो है 'स्पार्ट्समैनशिप'। हार-जीत तो होती ही रहती है। पर इसका यह गुण इसे बहुत ऊँचे दर्जे का इंसान बना देगा।

हमारी धरती

कुछ खेल, घास और सीमेंट के कोर्ट, दोनों ही जगह खेले जाते हैं। परंतु अधिकतर खिलाड़ी घास के मैदान में ही खेलना पसंद करते हैं।

नए शब्द

स्पोर्ट्समैनशिप   जजमेंट   पैनल्टी   टीम-स्पिरिट

पाठ से

Comprehension

क. सोचकर बताइए–

1. यह एकांकी किस बारे में हैं?
2. एकांकी में कौन-से खेल का मैच खेला जा रहा है?
3. इसमें क्या संदेश दिया गया है?
4. खेल में अनुशासन से क्या लाभ होता है?

ख. ये वाक्य किसने, किससे कहे, लिखिए–

वाक्य	किसने कहा	किससे कहा
1. क्या गिन रही हो?		
2. जी हाँ, टीम तो तुम्हारी अच्छी थी पर जीत वे गए।		
3. नाच न जाने आँगन टेढ़ा!		
4. कल तुम लोग बहुत खराब खेले।		

ग. लिखकर बताइए–

1. अनिल की टीम मैच क्यों हार गई?

____

2. अंजलि ने अनिल को क्या समझाया?

____

3. हारी हुई टीम के कैप्टन ने मैच हारने के बाद क्या किया?

____

4. एक अच्छे खिलाड़ी में क्या-क्या गुण होने चाहिए?

____

5. चाचा जी ने ऐसा क्यों कहा है कि अनिल की टीम में 'टीम स्पीरिट' की कमी है?

____

ज़रा सोचिए

Thinking Skills

1. एक खिलाड़ी में यदि खेल भावना नहीं हो तो क्या होगा?
2. यदि अनिल की टीम व्यक्तिगत श्रेय के लिए नहीं खेलती तो खेल का क्या परिणाम होता?

नीति की बात

Value-based Questions

खेल भावना और अपनी गलती को स्वीकार करना, व्यक्ति को महान बनाता है। उदाहरण देकर समझाइए।

शब्दों से

Vocabulary and Grammar

क. नीचे लिखे शब्दों के दो-दो पर्यायवाची शब्द लिखिए– *synonyms*

1. जीत – ____________ ____________
2. हार – ____________ ____________
3. मित्र – ____________ ____________
4. बड़ाई – ____________ ____________
5. आकस्मिक – ____________ ____________

ख. नीचे दिए वाक्यों में सर्वनाम शब्दों को छाँटकर लिखिए– *pronouns*

1. मैं हिसाब लगा रही हूँ। ____________
2. हमारी टीम उनकी टीम से अच्छी है। ____________
3. तुम तो बहस कर रही हो। ____________
4. आप यहाँ कब से खड़े हैं? ____________
5. वह अक्सर रेफ़री को ही दोष देती है। ____________

ग. विशेष अर्थ को प्रकट करने वाले वाक्यांश को मुहावरा कहते हैं। नीचे दिए मुहावरों का उनके अर्थ से मिलान कीजिए– *idioms*

1. पीठ ठोकना	मना कर देना
2. अक्ल का दुश्मन	पछताना
3. आँखों का तारा	मूर्ख
4. अँगूठा दिखाना	शाबाशी देना
5. हाथ मलना	बहुत प्यारा

सुनना-कहना

Listening Speaking Skills

1. आपने कोई मैच खेला हो और आप टीम स्पिरिट से नहीं खेले हों, ऐसे ही किसी मैच के बारे में कक्षा में बताइए।
2. आप एक रिपोर्टर बनिए और अपने विद्यालय में खेले गए क्रिकेट मैच का आँखों देखा हाल अपनी कक्षा में संवादों के माध्यम से रोचक ढंग से सुनाइए।

कलम से

Writing Skills

स्कूल में हारे हुए मैच के बारे में बताते हुए अपने मित्र कैलाश को पत्र लिखिए–

पता ____________________________

____

तारीख – ____________________

प्रिय मित्र कैलाश

____

____

____

तुम्हारा मित्र

____

खेल-खेल में

Cross-Curricular Activities

1. एक चार्ट पेपर पर दो 'इन डोर' और दो 'आउट डोर' खेलों के चित्र चिपकाइए तथा प्रत्येक खेल के बारे में दो-दो वाक्य लिखिए। इस चार्ट को आप कक्षा में भी लगा सकते हैं।
2. पाँच क्रिकेट के खिलाड़ियों के पिछले पाँच वन डे मैच के रन मालूम कीजिए और उनके औसत रन रेट का हिसाब खुद लगाइए।

सूरज और धरती

नैनीजेल

1930

प्रिय इंदिरा,

जब तुम मेरे साथ रहती हो तो अक़्सर मुझसे बहुत-सी बातें पूछा करती हो। लेकिन अब तुम मसूरी में हो और मैं यहाँ। मैंने सोच लिया है कि तुम्हें इस दुनिया की छोटी-छोटी कथाएँ, हर पत्र में लिखा करूँगा।

तुम जानती हो, धरती सूर्य के चारों ओर घूमती है और चाँद धरती के चारों ओर घूमता है। ऐसे और भी गोले हैं जो धरती की तरह सूर्य का चक्कर लगाते हैं। ये सब सूर्य के ग्रह कहलाते हैं। चाँद धरती का उपग्रह कहलाता है। सूर्य, उसके ग्रह और उपग्रह मिलकर मानो एक सुखी परिवार बन जाता है। इस परिवार को सौर-जगत कहते हैं। 'सौर' सूर्य का और 'जगत' संसार यानि सूर्य का परिवार।

रात को तुम आसमान में हज़ारों सितारे देखती हो। इनमें से थोड़े-से ग्रह हैं और बाकी सितारे हैं। ग्रह सितारों से बहुत छोटे होते हैं। सितारे जगमगाते हैं, ग्रह नहीं। ग्रह सूर्य की रोशनी से चमकते हैं।

वास्तव में सूर्य स्वयं एक सितारा है। हमें यह बहुत बड़ा आग का गोला-सा मालूम होता है।

अब तुम्हें मालूम हो गया कि हमारी पृथ्वी भी सूर्य का एक ग्रह है और सूर्य के परिवार का एक सदस्य है। सितारों के बारे में जानने वाले या ज्योतिषी बताते हैं कि सदियों पहले हमारी पृथ्वी और सारे ग्रह सूर्य में ही मिले हुए थे। किसी कारण से सूर्य के छोटे-छोटे टुकड़े टूटकर उससे अलग हो गए लेकिन वे अपने पिता सूर्य से बिलकुल दूर न हो सके। वे सूर्य के इर्द-गिर्द ही चक्कर लगाने लगे।

हमारी पृथ्वी भी सूर्य से निकली थी। उस ज़माने में यह बहुत गरम रही होगी। सूर्य से अलग होने पर यह ठंडी होने लगी। सूर्य का एक अंश होने के कारण धरती सूर्य की बेटी हुई। जब यह गरम थी, तब इस पर कोई जानदार चीज़ जैसे- आदमी, जानवर, पेड़ या पौधे नहीं रह सकते थे। धीरे-धीरे पृथ्वी ठंडी होने लगी। जिस तरह सूर्य का एक अंश धरती या पृथ्वी हो गया, उसी तरह धरती का एक टुकड़ा टूटकर निकल भागा और चाँद हो गया। बहुत से लोगों का ख्याल है कि चाँद के अलग होने से जो गड्ढा बन गया था वही प्रशांत महासागर है। जब धरती ठंडी हो गई तो हवा में जितनी भाप थी वह जमकर पानी बन गई और शायद बारिश बनकर बरस पड़ी। उस ज़माने में बहुत ही ज़्यादा पानी बरसा होगा। यह सब पानी धरती के बड़े-बड़े गड्ढों में भर गया और इस तरह बड़े-बड़े समुद्र और सागर बन गए।

ज्यों-ज्यों धरती ठंडी होती गई और समुद्र भी ठंडे होते गए, त्यों-त्यों दोनों जानदार चीज़ों के रहने लायक होते गए।

अब तुम सूर्य की बेटी 'धरती' के बनने की बात जान गई होगी।

शुभकामनाओं के साथ,
तुम्हारा पिता,
जवाहरलाल

13 मिसाइल मैन

हम जानेंगे

आप कागज़ से एक सुंदर प्लेन बनाइए और देखिए कि वह कितनी दूर तक जा पाता है।

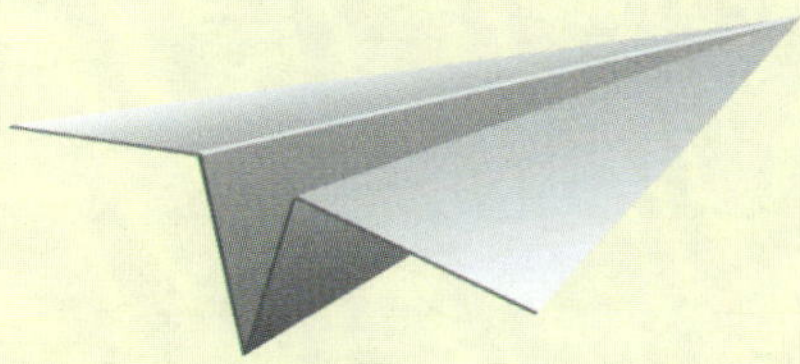

- अब्दुल कलाम के जीवन के बारे में
- परिश्रम तथा लगन के महत्व के बारे में
- अनेक शब्दों के लिए एक शब्द
- काल का परिचय
- आगत शब्द

अबुल पकिर जैनुलाब्दीन अब्दुल कलाम का जन्म 15 अक्टूबर 1931 को तमिलनाडु के रामेश्वरम में एक गरीब परिवार में हुआ। उनके पिता न तो ज़्यादा पढ़े-लिखे थे और न ही पैसे वाले थे। वे नाविक थे, और नियम के बहुत पक्के थे। इनके पिता मछुआरों को नाव किराये पर दिया करते थे। उनकी माता एक गृहणी थीं। परिवार की आर्थिक स्थिति ठीक न होने के कारण कलाम ने छोटी उम्र से ही काम करना शुरू कर दिया। अपने पिता की आर्थिक मदद के लिए बालक कलाम स्कूल के बाद समाचार पत्र वितरण का कार्य करते थे।

अब्दुल कलाम संयुक्त परिवार में रहते थे। परिवार की सदस्य संख्या का अनुमान इस बात से लगाया जा सकता है कि यह स्वयं पाँच भाई एवं पाँच बहन थे और घर

गृहणी - घर की मालकिन (house wife), वितरण - बाँटना (distribute), संयुक्त - मिलाजुला (joint)

में तीन परिवार रहा करते थे। इनकी दादी एवं माँ द्वारा ही पूरे परिवार की परवरिश की जाती थी।

अब्दुल कलाम जब आठ-नौ साल के थे, तब से सुबह चार बजे उठते थे और स्नान करने के बाद गणित के अध्यापक स्वामीयर के पास गणित पढ़ने चले जाते थे। इनकी माता इन्हें उठाकर स्नान कराती थीं और नाश्ता करवाकर ट्यूशन पढ़ने भेज देती थीं। अब्दुल कलाम ट्यूशन पढ़कर साढ़े पाँच बजे वापस आते थे। उसके बाद अपने पिता के साथ नमाज़ पढ़ते थे। फिर कुरान शरीफ़ का अध्ययन करने के लिए वह मदरसे चले जाते थे।

इसके बाद अब्दुल कलाम रामेश्वरम के रेलवे स्टेशन और बस अड्डे पर जाकर समाचार पत्र एकत्र करते थे। चलती ट्रेन से ही अखबार के बंडल रेलवे स्टेशन पर फेंक दिए जाते थे। अब्दुल कलाम अखबार लेने के बाद रामेश्वरम शहर की सड़कों पर दौड़-दौड़कर सबसे पहले उसका वितरण करते थे। इस प्रकार इन्हें तीन किलोमीटर जाना पड़ता था। बालक कलाम अखबार वितरण का कार्य करके प्रतिदिन प्रातः 8 बजे घर लौट आते थे।

अब्दुल कलाम जब कक्षा पाँच के विद्यार्थी थे तब की बात है। एक दिन ये अपने भाई-बहनों के साथ खाना खा रहे थे। इनके यहाँ चावल खूब होता था, इसलिए खाने में वही दिया जाता था, रोटियाँ कम मिलती थीं। इनकी माँ इनको रोटियाँ ज़्यादा देती थीं, इनके भाई ने इस बड़े सच का खुलासा किया। इनके भाई ने अलग ले जाकर इनसे कहा कि माँ के लिए एक भी रोटी नहीं बची और तुम्हें उन्होंने ज़्यादा रोटियाँ दे दीं। तब यह भावुक हो गए और दौड़कर माँ के गले से जा लगे। अब्दुल कलाम के जीवन में इनकी माता का बहुत महत्वपूर्ण स्थान रहा है।

अब्दुल कलाम के 'एरोस्पेस टेक्नोलॉजी' में आने के पीछे उनकी पाँचवीं कक्षा के अध्यापक

परवरिश - पोषण करना (elected), स्नान - नहाना (bath), अध्ययन - पढ़ाई (study), खुलासा - प्रकट करना (to disclose)

'सुब्रह्मण्यम अय्यर' की प्रेरणा ज़रूर थी। एक बार उन्होंने कक्षा में बताया कि पक्षी कैसे उड़ता है। अब्दुल कलाम के साथ कुछ अन्य बच्चे यह समझ नहीं पाए। अगले दिन अय्यर जी इस संदर्भ में सबको समुद्र के किनारे ले गए। उन्होंने समुद्र के किनारे मौजूद पक्षियों के उड़ने के संबंध में प्रत्येक क्रिया को साक्षात अनुभव के आधार पर समझाया। पक्षी की वह उड़ान उनमें समा गई थी। उस दिन के बाद उन्होंने तय कर लिया कि उनकी शिक्षा किसी न किसी प्रकार के उड़ान से संबंधित होगी। भौतिक विज्ञान विषय लेने के साथ ही उनकी ज़िंदगी एक 'रॉकेट इंजीनियर', 'एयरोस्पेस इंजीनियर' और 'तकनीकी कर्मी' की ओर उन्मुख हुई।

एक वैज्ञानिक और इंजीनियर के तौर पर उन्होंने रक्षा अनुसंधान और विकास संगठन (डी.आर.डी.ओ) और भारतीय अंतरिक्ष अनुसंधान संगठन (इसरो) की कई महत्वपूर्ण परियोजनाओं पर कार्य किया। अब्दुल कलाम को मिसाइल मैन के नाम से जाना जाता है। वह भारतीय गणतंत्र के ग्यारहवें निर्वाचित राष्ट्रपति थे।

ए.पी.जे अब्दुल कलाम का निधन 27 जुलाई 2015 को भारतीय प्रबंधक संस्थान, शिलोंग, में अध्यापन कार्य के दौरान दिल का दौरा पड़ने से हुआ।

देश और समाज के लिए किए गए उनके कार्यों के लिए, डॉ. कलाम को अनेकों पुरस्कारों से सम्मानित किया गया। लगभग 40 विश्वविद्यालयों ने उन्हें मानद डॉक्टरेट की उपाधि दी और भारत सरकार ने उन्हें पद्म विभूषण और भारत के सबसे बड़े नागरिक सम्मान 'भारत रत्न' से अलंकृत किया। वर्ष 2011 में प्रदर्शित हुई हिंदी फ़िल्म 'आई एम कलाम' उनके जीवन पर आधारित है।

उन्मुख – रुचि होना (oriented), अनुसंधान – खोज (research), परियोजना – योजना (project), निर्वाचित – चुना हुआ (elected), अध्यापन – शिक्षण (teaching), मानद – सम्माननीय (honorary)

नए शब्द

संयुक्त | हस्तलिपि | खुलासा | अनुसंधान | अंतरिक्ष | अध्यापन

पाठ से

Comprehension

क. सोचकर बताइए–

1. अब्दुल कलाम का जन्म कब और कहाँ हुआ था?
2. कलाम के विज्ञान के अध्यापक ने पक्षियों का उदाहरण देकर क्या समझाया?
3. अब्दुल कलाम का निधन कब और कहाँ हुआ?
4. कलाम को और किस नाम से जाना जाता है?

ख. नीचे दिए गए वाक्यों के सामने (✓) या (✗) का चिह्न लगाइए-

1. अब्दुल कलाम का जन्म केरल राज्य में हुआ था। ☐
2. कलाम के पिता मछुआरों को नाव किराए पर दिया करते थे। ☐
3. अब्दुल कलाम स्कूल के बाद समाचार पत्र का वितरण किया करते थे। ☐
4. कलाम के जीवन में इनके भाई का बहुत महत्वपूर्ण स्थान रहा था। ☐
5. कलाम भारत के 14वें राष्ट्रपति थे। ☐

ग. लिखकर बताइए–

1. कलाम बचपन में अपने पिता की सहायता किस प्रकार किया करते थे?

____

2. कलाम की रुचि उड़ान विज्ञान में किस प्रकार हुई?

____

3. अब्दुल कलाम को 'मिसाइल मैन' क्यों कहा जाता है?

____

4. अब्दुल कलाम को किन-किन पुरस्कारों से अलंकृत किया गया था?

____

ज़रा सोचिए

Thinking Skills

1. **मेहनत और लगन की हमारे जीवन में विशेष भूमिका होती है। अगर कोई काम मेहनत और लगन से नहीं किया जाए तो क्या होगा?**
2. **अब्दुल कलाम अपनी पढ़ाई के लिए यदि अपनी गरीबी से नहीं लड़ते तो क्या होता?**

नीति की बात

Value-based Questions

'जहाँ चाह वहाँ राह' उक्ति से आप क्या समझते हैं? क्या हमें अपनी मंज़िल पाने के लिए शुरू से ही कार्य करना चाहिए?

शब्दों से

Vocabulary and Grammar

क. नीचे दिए गए शब्दों के लिए एक शब्द लिखिए– *one word for many*

1. जो नाव चलाता हो ______________
2. जो मेहनत से काम करता हो ______________
3. जो देश की रक्षा करता है ______________
4. जो लिपि हाथ से लिखी जाए ______________
5. जो खेतों में फसल उगाता हो ______________

ख. जिन शब्दों से काम के होने के समय का बोध होता है उन्हें काल कहते हैं। यह तीन प्रकार के होते हैं- वर्तमान काल, भूतकाल और भविष्यत काल। नीचे दिए गए वाक्यों को निर्देशानुसार काल बदलकर लिखिए– *tense*

1. बालक कलाम स्कूल के बाद समाचार वितरण का कार्य करते थे।

   वर्तमान काल – ______________

   भविष्यत काल – ______________

2. पक्षी की वह उड़ान मुझमें समा गई थी।

   वर्तमान काल – ______________

   भविष्यत काल – ______________

3. सुप्रिया पढ़ रही है।

   भूतकाल – ______________

4. मैं घर जाऊँगा।

   वर्तमान काल – ______________

5. राजन खेल रहा है।

   भविष्यत काल – ______________

ग. पाठ में ऐसे बहुत से शब्दों का प्रयोग किया गया है जो दूसरी भाषाओं से विशेषकर अंग्रेजी भाषा से लिए गए हैं? इन्हें आगत शब्द कहते हैं। जैसे- 'ट्यूशन' *English words*

ऐसे ही छह अन्य शब्दों को पाठ में से ढूँढ़कर लिखिए–

1. ____________ 2. ____________ 3. ____________

4. ____________ 5. ____________ 6. ____________

सुनना-कहना

Listening Speaking Skills

ए.पी.जे. अब्दुल कलाम को 'मिसाइल मैन' क्यों कहा जाता है? उनके कार्य के बारे में जानकारी एकत्र कीजिए और बताइए।

कलम से

इंटरनेट की मदद से अब्दुल कलाम की तीन सूक्तियाँ अपनी कॉपी में लिखिए-

1. ______________________________

2. ______________________________

3. ______________________________

खेल-खेल में

Cross-Curricular Activities

भारत के पहले छह राष्ट्रपतियों के कार्यकाल के क्रमानुसार उनके नाम व कार्यकाल का वर्ष भी लिखिए–

1. ____________ ____________ 2. ____________ ____________ 3. ____________ ____________

4. ____________ ____________ 5. ____________ ____________ 6. ____________ ____________

14 ईदगाह

चित्र देखकर बताइए कि आपको मेले मे क्या-क्या दिखाई देते हैं?

हम जानेंगे

- हामिद तथा उसकी दादी के बारे में
- मेले के बारे में
- अपनों के बारे में सोचना
- वचन बदलना
- विलोम शब्द

रमज़ान के पूरे तीस रोज़ों के बाद आज ईद आई है। कितना मनोहर, कितना सुहावना प्रभात है! आज का सूर्य देखो, कितना प्यारा, कितना शीतल है, मानो संसार को ईद की बधाई दे रहा है। सबसे ज़्यादा प्रसन्न है, हामिद। दुबला-पतला लड़का, जिसका बाप गत वर्ष हैजे को भेंट हो गया, फिर एक दिन माँ भी मर गई। अब हामिद अपनी बूढ़ी दादी अमीना की गोद में सोता है और उतना ही प्रसन्न है।

हामिद के पाँव में जूते नहीं हैं, सिर पर एक पुरानी-धुरानी टोपी है, जिसका गोटा काला पड़ गया है, फिर भी वह प्रसन्न है। अभागिन अमीना अपनी कोठरी में बैठी रो रही है। आज ईद का दिन है और उसके घर में दाना नहीं! इस अंधकार और निराशा में वह डूबी जा रही है। किसने बुलाया था, इस निगोड़ी ईद को?

अमीना का दिल कचोट रहा है। गाँव के बच्चे अपने-अपने बाप के साथ जा रहे हैं। हामिद का बाप अमीना के सिवाय और कौन है! उसे कैसे अकेले मेले में जाने दे? उस भीड़-भाड़ में बच्चा कहीं खो गया तो क्या हो? नहीं,

सुहावना - अच्छा मौसम (pleasant), अभागिन - बेचारी (unfortunate), निगोड़ी - बेकार (useless), कचोटना - खीजना (vex)

अमीना उसे यों न जाने देगी। नन्ही-सी जान तीन कोस चलेगा कैसे! पैरों में छाले पड़ जाएँगे। जूते भी तो नहीं हैं। कुल दो आने पैसे बच रहे हैं। तीन पैसे हामिद की जेब में, पाँच अमीना के बटुवे में। ... अल्लाह ही बेड़ा पार लगाए।

हामिद भीतर जाकर दादी से कहता है, "तुम डरना नहीं अम्मा, मैं सबसे पहले आऊँगा।" गाँव से मेला चला और बच्चों के साथ हामिद भी जा रहा था। ... बड़ी-बड़ी इमारतें आने लगीं। ... यह अदालत है, यह कॉलेज है, यह क्लबघर है। आगे चले। ... यह देखो, हिंडोला है। एक पैसा देकर चढ़ जाओ। कभी आसमान पर जाते हुए मालूम होंगे, कभी ज़मीन पर रहते हुए। यह चरखी है। लकड़ी के हाथी, घोड़े और ऊँट छड़ों से लटके हुए हैं। एक पैसा देकर बैठ जाओ और पच्चीस चक्करों का मज़ा लो। महमूद, मोहसिन, नूरे और सम्मी इन घोड़ों और ऊँटों पर बैठते हैं। हामिद दूर खड़ा है। तीन पैसे ही तो उसके पास हैं। वह अपने कोष का एक तिहाई ज़रा-सा चक्कर खाने के लिए नहीं दे सकता। ... बच्चे अब खिलौने लेंगे। इधर दुकानों की कतारें लगी हुई हैं। तरह-तरह के खिलौने हैं, सिपाही, वकील, भिश्ती और धोबिन। वाह! कितने सुंदर खिलौने हैं। लगता है, अब बोलना ही चाहते हैं। महमूद सिपाही लेता, खाकी वरदी और लाल पगड़ी वाला, कंधे पर बंदूक रखे हुए। मालूम होता है, अभी कवायद किए चला आ रहा है। मोहसिन को भिश्ती पसंद आया। कमर झुकी हुई, ऊपर मशक रखे हुए है। मश्क का मुँह एक हाथ से पकड़े हुए है। कितना प्रसन्न है! शायद कोई गीत गा रहा है। बस मशक से पानी उड़ेलना ही चाहता है। नूरे को वकील से प्रेम है। काला चोगा, नीचे सफ़ेद अचकन, अचकन के सामने की जेब में घड़ी, सुनहरी ज़ंजीर, एक हाथ में कानून का पोथा लिए हुए। मालूम होता है, अभी किसी अदालत से जिरह या बहस किए चले आ रहे हैं। ये सब दो-दो पैसे के खिलौने हैं। हामिद के पास कुल तीन पैसे हैं। इतने महँगे खिलौने कैसे ले? खिलौना कहीं हाथ से छूट गया तो चूर-चूर हो जाए। ज़रा पानी पड़े तो सारा रंग धुल जाए। ऐसे खिलौने किस काम के। उन्हें लेकर वह क्या करेगा?

हिंडोला – झूला (swing), भिश्ती – पानी भरने वाला (water carrier), कवायद – कसरत (drill), मश्क – पानी भरने का थैला (bag to carry water)

खिलौनों के बाद मिठाइयाँ आती हैं। किसी ने रेवड़ियाँ ली हैं, किसी ने गुलाब जामुन, किसी ने सोहन हलवा। मज़े से खा रहे हैं। हामिद बिरादरी से पृथक है। अभागे के पास तीन पैसे हैं। क्यों नहीं कुछ लेकर खाता? ललचाई आँखों से सबकी ओर देखता है।

मिठाइयों के बाद कुछ दुकानें लोहे की चीज़ों की हैं, कुछ गिलट और कुछ नकली गहनों की। लड़कों के लिए यहाँ कुछ आकर्षण नहीं है। वे सब आगे बढ़ जाते हैं। हामिद लोहे की दुकान पर रुक जाता है। कई चिमटे रखे हुए हैं। उसे ख्याल आया, दादी के पास चिमटा नहीं है। तवे से रोटियाँ उतारती हैं, तो हाथ जल जाता है। अगर वह चिमटा ले जाकर दादी को दे दे, तो वह कितनी प्रसन्न होंगी फिर उनकी उँगलियाँ कभी न जलेंगी। घर में एक काम की चीज़ हो जाएगी। खिलौनों से क्या फ़ायदा! व्यर्थ में पैसे बरबाद होते हैं। चिमटा कितने काम की चीज़ है। रोटियाँ तवे से उतार लो, चूल्हे में सेंक लो। कोई आग माँगने आए, तो चटपट चूल्हे से आग निकालकर उसे दे दो। अम्मा बेचारी को कहाँ फ़ुरसत है कि बाज़ार जाएँ और इतने पैसे ही कहाँ मिलते हैं! रोज़ हाथ जला लेती हैं।

उसने दुकानदार से पूछा, "यह चिमटा कितने का है?"

"छह पैसे लगेंगे।"

हामिद का दिल बैठ गया। फिर भी बोला, "ठीक-ठीक बताओ।"

"ठीक-ठीक पाँच पैसे लगेंगे। लेना हो तो लो, नहीं तो चलते बनो।"

हामिद ने कलेजा मज़बूत करके कहा, "तीन पैसे लोगे?"

और वह आगे बढ़ गया जिससे कि दुकानदार की घुड़कियाँ न सुननी पड़ें, लेकिन दुकानदार ने घुड़कियाँ नहीं दी। बुलाकर चिमटा दे दिया। हामिद ने उसे इस तरह कंधे पर रखा, मानो बंदूक हो। फिर शान से अकड़ता हुआ साथियों के पास आया।

मोहसिन ने हँसकर कहा, "यह चिमटा क्यों लाया बुद्धू? इसका क्या करेगा?"

हामिद ने चिमटे को ज़मीन पर पटककर कहा, "ज़रा अपना भिश्ती तो ज़मीन पर गिराओ। सारी पसलियाँ चूर-चूर हो जाएँगी बच्चू की।"

पृथक - अलग-अलग (a part), घुड़कियाँ - डाँट सुनना (scolding)

महमूद बोला, "तो यह चिमटा कोई खिलौना है?" हामिद बोला, "खिलौना क्यों नहीं है? अभी कंधे पर रखा, बंदूक हो गई। हाथ में ले लिया, फकीरों का चिमटा हो गया। चाहूँ तो इससे मंजीरे का काम ले सकता हूँ। एक चिमटा जमा दूँ, तो तुम लोगों के सारे खिलौनों की जान निकल जाए। तुम्हारे खिलौने कितना ही ज़ोर लगाएँ, मेरे चिमटे का बाल भी बाँका नहीं कर सकते। बहादुर शेर है- मेरा चिमटा।"

सम्मी ने खंजरी ली थी। प्रभावित होकर बोला, "मेरी खंजरी से बदलोगे? दो आने की है।" हामिद ने खँजरी की ओर उपेक्षा से देखा और बोला, "मेरा चिमटा चाहे तो तुम्हारी खंजरी का पेट फाड़ डाले। बस, एक चमड़े की झिल्ली लगा दी, ढब-ढब बोलने लगी। ज़रा-सा पानी लग जाए तो खत्म हो जाए। मेरा बहादुर चिमटा आग में, पानी में, आँधी में, तूफ़ान में बराबर डटा रहेगा।"

चिमटे ने सभी को मोहित कर लिया, लेकिन अब पैसे किसके पास धरे हैं। फिर मेले से भी दूर निकल आए हैं, धूप तेज़ हो रही है। घर पहुँचने की जल्दी है। बड़ों से ज़िद करें तो भी चिमटा नहीं मिल सकता। हामिद है बड़ा चालाक। इसीलिए उसने अपने पैसे बचा रखे थे। औरों ने तीन-तीन, चार-चार आने पैसे खर्च किए, पर काम की चीज़ न ले सके। हामिद ने तीन पैसे में रंग जमा दिया। सच ही तो है, खिलौनों का क्या भरोसा? टूट-फूट जाएँगे। हामिद का चिमटा तो बना रहेगा बरसों।

मोहसिन ने कहा, "ज़रा अपना चिमटा दो, हम भी देखें, तुम हमारा भिश्ती लेकर देखो।" महमूद और नूरे ने भी अपने-अपने खिलौने पेश किए। हामिद को इन शर्तों को मानने में कोई आपत्ति न थी। चिमटा बारी-बारी से सबके हाथ में गया और उनके खिलौने बारी-बारी से हामिद के हाथ में आए। कितने खूबसूरत खिलौने थे। रास्ते में महमूद को भूख लगी। उसके बाप ने केले खाने को दिए। महमूद ने केवल हामिद को अपना साथी बनाया। उसके अन्य मित्र मुँह ताकते रह गए। यह उस चिमटे का प्रभाव था।

ग्यारह बजे सारे गाँव में हलचल मच गई। मेले वाले लौट आए। मोहसिन की छोटी बहन ने दौड़कर भिश्ती को उसके हाथ से छीन लिया और मारे खुशी के उछली तो मियाँ भिश्ती नीचे आ गिरे और स्वर्गलोक सिधारे!

मंजीरे - एक वाद्य यंत्र (muscial instrument), मोहित - आकर्षित (attraction)

मियाँ नूरे के वकील का अंत इससे ज़्यादा गौरवमय हुआ। वकील ज़मीन पर या ताक पर तो बैठ नहीं सकते। उनकी मर्यादा का विचार तो करना ही होगा। दीवार में दो खूँटियाँ गाड़ी गईं। उन पर लकड़ी का एक पटरा रखा गया। पटरे पर कागज़ का एक कालीन बिछाया गया। वकील साहब राजा भोज की भाँति सिंहासन पर बिराजे। नूरे ने उन्हें पंखा झलना शुरू किया। मालूम नहीं, पंखे की हवा से या पंखे की चोट से वकील साहब मृत्युलोक से स्वर्गलोक में चले और उनका माटी का चोला माटी में मिल गया। फिर बड़े ज़ोर-शोर से मातम हुआ और वकील साहब की अस्थियाँ घूरे पर डाल दी गईं।

हमारी धरती

मिट्टी से बहुत सुंदर खिलौने बनते हैं और ये हमारी धरती के लिए हानिकारक भी नहीं होते। कभी इन खिलौनों से खेलकर देखिए!

अब मियाँ हामिद का हाल सुनिए। अमीना उसकी आवाज़ सुनते ही दौड़ी और उसको गोद में उठाकर प्यार करने लगी। सहसा उसके हाथ में चिमटा देखकर वह चौंकी। बोली, "यह चिमटा कहाँ-से आया?"

"मैंने मोल लिया है।"

"कै पैसे में?"

"तीन पैसे दिए।"

अमीना ने छाती पीट ली। यह कैसा बेसमझ लड़का है कि दोपहर हुई, कुछ खाया न पिया। लाया क्या, चिमटा। बोली, "सारे मेले में तुझे और कोई चीज़ न मिली, जो यह लोहे का चिमटा उठा लाया?"

हामिद ने अपराधी भाव से कहा, "तुम्हारी उँगलियाँ तवे से जल जाती थीं, इसलिए मैंने लिया।"

बुढ़िया का क्रोध तुरंत स्नेह में बदल गया। बच्चे में कितना त्याग, कितना सद्भाव और कितना विवेक है। दूसरों को खिलौने लेते और मिठाई खाते देखकर इसका मन कितना ललचाया होगा। इतना ज़ब्त इससे हुआ कैसे? वहाँ भी इसे अपनी बुढ़िया दादी की याद बनी रही। अमीना का मन गद्‌गद हो गया। वह रोने लगी। दामन फैलाकर हामिद को दुआएँ देती जाती थी और उसकी आँखों से आँसू की बड़ी-बड़ी बूँदें गिरती जाती थीं।

मुंशी प्रेमचंद

गौरवमय - बाइज़्ज़त (honourable), मर्यादा - प्रतिष्ठा (dignity), खूँटियाँ - हुक (hook), मातम - शोक (mourning), स्नेह - प्यार (love), त्याग - बलिदान (sacrifice), सद्भाव - अच्छा भाव (good behaviour), विवेक - समझ (sense), दुआएँ - आशीर्वाद (blessings)

नए शब्द

भ्रातृत्व　कवायत　भिश्ती　मशक　जिरह　बिसात　रमजान

पाठ से　Comprehension

क. सोचकर बताइए–

1. 'ईदगाह' कहानी में किस त्योहार के बारे में बताया गया है?
2. कौन मेले में जाना चाहता था?
3. अमीना के पास कुल कितने पैसे थे?
4. हामिद के माता-पिता कहाँ गए थे?

ख. उचित उत्तर पर (✓) का निशान लगाइए–

1. रमज़ान के कितने दिन बाद ईद आती है?
   i. दस ☐　ii. तीस ☐　iii. पंद्रह ☐
2. हामिद की दादी का नाम क्या था?
   i. अमीरा ☐　ii. आमी ☐　iii. अमीना ☐
3. हामिद कहाँ जाने वाला था?
   i. पाठशाला में ☐　ii. बाग में ☐　iii. मेले में ☐
4. हिंडोले का कितने पैसे का चक्कर था?
   i. एक पैसे ☐　ii. दो पैसे ☐　iii. चार पैसे ☐
5. चिमटा किससे बना हुआ था?
   i. मिट्टी का ☐　ii. लोहे का ☐　iii. लकड़ी का ☐

ग. ये वाक्य इस पाठ में किसने, किससे कहे थे, लिखिए–

वाक्य	किसने कहा	किससे कहा
1. तुम डरना नहीं अम्मा, मैं सबसे पहले आऊँगा।		
2. यह चिमटा कितने का है?		
3. तुम हमारा भिश्ती लेकर देखो।		
4. सारे मेले में तुझे और कोई चीज़ न मिली, जो यह लोहे का चिमटा उठा लाया?		

घ. लिखकर बताइए–

1. ईदगाह जाने से पहले बच्चों में कैसी उमंग थी?

____

2. 'चिमटा कितना अच्छा खिलौना है' यह हामिद ने कैसे सिद्ध किया?

____

3. हामिद चिमटा ही क्यों खरीदना चाहता था?

____

4. बूढ़ी दादी का क्रोध तुरंत स्नेह में क्यों बदल गया?

____

ज़रा सोचिए

Thinking Skills

1. **हामिद मेले में तरह-तरह के खेल-खिलौने, मिठाइयाँ और तरह-तरह की चीज़ें देखता है। उसका जी ललचाता है, पर वह अपने पर काबू पा लेता है। आपके साथ जब ऐसा होता है उस परिस्थिति में आप क्या करते हैं?**
2. **यदि हामिद चिमटा नहीं खरीदता तो क्या खरीदता?**

नीति की बात

Value-based Questions

जीवन में कितनी ही कमी क्यों न हो, अपना विश्वास और धैर्य नहीं खोना चाहिए। इस कहानी में क्या हामिद ने विश्वास और धैर्य दिखाया?

शब्दों से

Vocabulary and Grammar

plurals

क. नीचे दिए गए शब्दों के वचन बदलकर लिखिए–

1. बधाई — बधाइयाँ
2. मिठाई — ________
3. रोटी — ________
4. घुड़की — ________
5. चींटी — ________

ख. नीचे लिखे शब्दों के विलोम शब्द लिखिए- *opposites*

1. सूर्य ________ 2. धरा ________
3. प्रसन्न ________ 4. उत्साह ________
5. मज़बूत ________ 6. अंत ________

ग. रेखांकित शब्दों के स्थान पर उनके समानार्थी शब्द लिखकर वाक्य पूर्ण कीजिए– *synonyms*

1. ईद का रोज़ तीस रोजों के बाद आता है। इस ________ हामिद मेले में जाएगा।
2. हामिद जाने के लिए बहुत प्रसन्न दिखाई दे रहा था पर दादी के चेहरे पर ________ नहीं झलक रही थी।
3. आसमान साफ लग रहा था और ________ में सूर्य चमक रहा था।
4. सब एक कतार में चल दिए जैसे चींटी की ________ होती है।

घ. मुहावरे वे शब्द होते हैं जो सामान्य अर्थ छोड़कर किसी विशेष अर्थ का बोध कराते हैं। जैसे- 'छह पैसे सुनकर हामिद का दिल बैठ गया।'– *idioms*

दाँतो तले उँगली दबाना   कान भरना   भीगी बिल्ली बनना
छक्के छुड़ाना   लाल पीली होना

नीचे दिए गए वाक्यों को उचित मुहावरों द्वारा पूरा कीजिए–

1. रंजना ने मेरे खिलाफ़ माँ के ________ ।
2. भारतीय सेना ने दुश्मनों के ________ ।
3. पुलिस को देखते ही चोर ________ बैठ गया।
4. सारा कमरा फैला देखकर माँ ________ गईं।
5. ताजमहल देखकर लोग ________ लेते हैं।

सुनना-कहना

Listening Speaking Skills

पाठ में आपने तरह-तरह के खिलौनों के बारे में पढ़ा है। अपनी पसंद का एक खिलौना कक्षा में लाकर उसके बारे में एक मिनट तक लगातार बोलिए।

कलम से

Writing Skills

मान लीजिए किसी चीज़ को खरीदते समय उस चीज़ के दाम कम कराते वक्त दुकानदार ने आपको डाँटा होगा? इस घटना को संवाद के रूप में लिखिए—

दुकानदार ____________________

हामिद ____________________

दुकानदार ____________________

हामिद ____________________

दुकानदार ____________________

हामिद ____________________

खेल-खेल में

Cross-Curricular Activities

1. **मुंशी प्रेमचंद हिंदी के एक महान लेखक हैं। उनकी लिखी हुई कहानियों/किताबों के नाम और चित्र ढूँढ़कर एक कोलॉज बनाइए।**
2. **भारत के विभिन्न राज्यों के त्योहारों के बारे में आप क्या-क्या जानते हैं। भारत के नक्शे को एक चार्ट पर चिपकाकर एक रंगीन पोस्टर बनाइए जिसमें सभी त्योहारों को अंकित किया गया हो।**

15 वन रहेंगे, हम रहेंगे

अपने आस–पास दिखाई देने वाले किन्हीं तीन फूल देने वाले पेड़ो के नाम लिखिए।

______________ ______________ ______________

हम जानेंगे

- वनों के बारे में
- वृक्षों के लाभ के बारे में
- पालतू तथा जंगली पशुओं के बारे में
- जातिवाचक संज्ञा
- क्रिया विशेषण

(मध्यांतर-आधी छुट्टी में स्कूल के लॉन में बैठे कुछ बच्चे।)

नूपुर : अंशुमान, दशहरे की छुट्टियों में नहीं दिखाई पड़े। कहीं गए थे क्या?

अंशुमान : हाँ, दशहरे की छुट्टियों में हम मध्यप्रदेश गए थे। तीन दिन तक सतपुड़ा के वनों में घूमते रहे। इतने बड़े, घने और सुंदर वन मैंने कभी नहीं देखे।

आलोक : एक बात बताओ। ये 'वन' होते क्या हैं? मेरा मतलब, क्या सिर्फ़ पेड़ों को ही वन कहते हैं?

अंशुमान : नहीं, वनों में केवल पेड़ ही नहीं होते, एक पूरी दुनिया छिपी होती है। हाँ, पेड़ खूब सारे होते हैं, तरह-तरह के पेड़। कुछ छोटे, कुछ लंबे, कुछ खड़े-तिकोने तो कुछ गोल-मटोल छाते जैसे, हरी-हरी पत्तियों से लदे हुए पेड़।

नूपुर : पत्तियाँ भी तो तरह-तरह की होती हैं। कुछ नुकीली, कुछ कँटीली, कुछ लंबी तो कुछ गोल। किसी डाली से पत्तियाँ अलग-अलग लगी होती हैं तो किसी की तीन के झुंड में, किसी की पाँच

वन – जंगल (forest), तिकोना – जिसके तीन कोने हो (triangular), कंटीली – कांटो वाली (full of thorns), झुंड – समूह (group)

के और किसी-किसी की तो एक वृंत से दस-बीस पत्तियाँ भी लगी होती है।

अंशुमान : पेड़ों की बात चलते ही पेड़ों के लाभ भी याद आने लगते हैं। लाभ भी कितने! बताने लगें तो एक दिन कम पड़ जाए।

नूपुर : अच्छा सोचो, पेड़ों से क्या-क्या मिलता है?

आलोक : मैं बताता हूँ। छाया, नमी, वर्षा, फूल, फल, पत्तियाँ, चारा, जड़ी-बूटियाँ और भी बहुत सारी चीज़ें।

नूपुर : लकड़ी भूल गए?

आलोक : हाँ, लकड़ियाँ भी।

अंशुमान : ईंधन वाली लकड़ी ही नहीं, इमारती लकड़ी भी। कितनी सारी चीज़ें बनती हैं लकड़ी से। सोचकर देखो, हमारे घर में कितनी चीज़ें लकड़ी की बनी हैं?

आलोक : यदि वन न होते तो?

अंशुमान : वन न होते तो जीव-जंतु न होते। हाथी, शेर, बाघ, हिरन, भालू, साँप, अजगर, गेंडा, जिराफ़ कुछ भी न होते। इतने रंग-बिरंगे पक्षी न होते। न कोयल, न मोर, न कौआ, न चील, न तोता, न गौरैया, न बुलबुल हाय, तब दुनिया कितनी नीरस हो जाती! कितना उदास हो जाता आदमी! धरती पर न हरियाली, न पशु-पक्षी, हमारा तो मन ही न लगता।

नूपुर : अरे भाई, वन नहीं रहेंगे तो आदमी कैसे रहेगा! वन हैं, तभी तो हम हैं। वनों में वर्षा होती है, ज़मीन कटने से रुकती है, बाढ़ें नहीं आतीं.....

आलोक : अब इतनी प्रशंसा भी मत करो। बाढ़ तो वर्षा अधिक होने से आती है। उसका वनों से क्या लेना-देना। हाँ, बाढ़ अधिक हो, तेज़ हो तो पेड़ उखड़ जाते हैं, बह जाते हैं। पर वनों से बाढ़ तो नहीं आती।

अंशुमान : हाँ, वनों से बाढ़ तो नहीं आती, पर वन न रहने पर ज़रूर आती है।

आलोक : वह कैसे?

अंशुमान : वर्षा की तेज़ धार को पेड़ अपने ऊपर ले लेते हैं। इससे वर्षा का वेग रुक जाता है।

वृंत - शाखा (branch), नीरस - बिना रस के (routine, bland), वेग - बहाव (flow)

धरती पर सीधे चोट नहीं पड़ती। पेड़ों के नीचे उन्हीं की सड़ी-गली पत्तियों से उपजाऊ खाद-मिट्टी, ह्यूमस की मोटी परत बनी होती है। यह परत वर्षा जल को अपने में ऐसे ही समा लेती है जैसे, कोई स्पंज। वर्षा थम जाने के कई दिनों बाद तक यह संचित जल धीरे-धीरे रिसकर बाहर निकलता है। एक साथ तोड़-फोड़ करता हुआ नहीं। पेड़ों की जड़ें मिट्टी को थामे रहती हैं। उनके न होने से मिट्टी भी कटकर बह जाएगी। सारा पानी एक साथ नदी में आएगा तो नदी भी उसे अपने में समा नहीं पाएगी और बाढ़ आ जाएगी।

हमारी धरती

धरती पर पर्यावरण को बचाने के लिए और पृथ्वी को हरित रखने के लिए अधिक पेड़ लगाने चाहिए। पेड़ सोने की तरह मूल्यवान हैं इसीलिए उन्हें धरती पर 'हरा सोना' कहा जाता है।

आलोक : ओह! वन न रहने पर तो पशु-पक्षियों का और हमारा भी नाश होना निश्चित है। यह तो बहुत चिंता की बात है।

अंशुमान : पर डरने की बात नहीं। खूब पेड़ लगाए जाएँ, वन न काटे जाएँ, नए वन क्षेत्र बनाए जाएँ तो हम बच सकते हैं।

नूपुर : हाँ-हाँ, वन रहेंगे और हम भी रहेंगे।

सब : *(मिलकर)* वन रहेंगे, हम रहेंगे।

(घंटी बजती है और सभी बच्चे कक्षाओं की ओर चल देते हैं।)

नए शब्द

उपजाऊ वेग स्पंज ह्यूमस क्षेत्र

पाठ से

Comprehension

क. सोचकर बताइए–

1. अंशुमान दशहरे की छुट्टियों में अपने परिवार के साथ कहाँ गया था?
2. वृक्षों की पत्तियाँ कितनी तरह की होती है?
3. फ़र्नीचर बनाने के लिए कौन-सी लकड़ी का इस्तेमाल किया जाता है?
4. वन किसके घर होते हैं?

संचित - इकट्ठा करना (to accumulate)

ख. नीचे लिखे वाक्य किसने-किससे कहे, लिखिए–

वाक्य	किसने कहा	किससे कहा
1. दशहरे की छुट्टियों में नहीं दिखाई पड़े। कहीं गए थे क्या?		
2. तीन दिन तक सतपुड़ा के वनों में घूमते रहे।		
3. 'वन' होते क्या हैं?		
4. हाँ-हाँ, वन रहेंगे और हम भी रहेंगे।		

ग. लिखकर बताइए–

1. वनों की क्या पहचान है?

___

2. पेड़ हमें क्या-क्या देते हैं?

___

3. पेड़ नही हों तो क्या होगा?

___

4. वर्षा की तेज़ धार को पेड़ अपने ऊपर क्यों ले लेते हैं? इससे क्या होता है?

___

ज़रा सोचिए

Thinking Skills

1. 'पेड़ों को आज मनुष्य अपनी ज़रूरतों के लिए काट रहा है।' इससे हमारे पर्यावरण को क्या नुकसान हो रहा है? बताइए?
2. यदि हर व्यक्ति एक पेड़ लगाए और उसकी देखभाल करे तो कितना लाभ होगा?

नीति की बात

Value-based Questions

पर्यावरण की सुरक्षा मनुष्य की अपनी सुरक्षा है। क्या आप इस कथन से सहमत हैं? तर्क सहित उत्तर दीजिए।

शब्दों से

Vocabulary and Grammar

क. वाक्य पढ़कर विशेषण और विशेष्य अलग-अलग करके लिखिए– *adjectives*

वाक्य	विशेषण	विशेष्य
1. कुछ पेड़ छोटे और कुछ बड़े होते हैं।		
2. लकड़ी से बहुत वस्तुएँ बनाई जाती हैं?		
3. अधिक वर्षा होने से बाढ़ आती है।		
4. पेड़ों की सड़ी-गली पत्तियों से खाद बनती है।		
5. वर्षा की तेज़ धार को पेड़ अपने ऊपर ले लेते हैं।		

ख. जातिवाचक संज्ञा शब्द पाठ से छाँटकर लिखिए– *nouns*

वन ____________ ____________

____________ ____________ ____________

ग. पढ़िए और समझिए– *adverbs*

घंटी बजते ही बच्चे **तेज़ी से** बाहर भागने लगे।

'तेज़ी से' क्रियाविशेषण है। नीचे दिए गए क्रियाविशेषण शब्दों से नए वाक्य बनाइए–

1. जल्दी से ____________________________
2. प्रसन्नता से ____________________________
3. जोश से ____________________________
4. दुख से ____________________________
5. मस्ती से ____________________________

घ. नीचे दिए गए वाक्यों में खाली स्थानों को उचित योजक शब्द द्वारा भरिए– *conjunctions*

क्योंकि, कि, की, मैं, में, और, ओर

1. माँ ____________ अँगूठी गुम हो गई।
2. बस ____________ बैठकर विद्यालय पहुँचा।
3. भरत नहीं आया ____________ उसके पिता बीमार थे।

4. घर से निकला ही था ______________ बारिश हो गई।

5. उस ______________ मत जाना, बहुत अँधेरा है।

6. रितु ______________ राधा पक्की सहेलियाँ हैं।

7. ______________ अक्सर रास्ता भूल जाता हूँ।

सुनना-कहना — Listening Speaking Skills

कक्षा में चार समूह बनाकर चार पेड़ चुन लीजिए। उनके बारे में जानकारी हासिल कर एक पॉवर पॉइंट प्रेजेंटेशन बनाइए और कक्षा में प्रस्तुत कीजिए।

कलम से — Writing Skills

किसी एक वृक्ष की आत्मकथा लिखिए-

मैं ______________ का पेड़ हूँ, मेरी डालियों पर झूला डालकर बच्चे झूलते हैं।

____

____

____

____

____

खेल-खेल में — Cross-Curricular Activities

1. **अपने आसपास देखिए और बताइए ऐसे कौन-कौन से वृक्ष हैं जिन्हें हम दैनिक जीवन में भी उपयोग करते हैं। जैसे- नारियल, करी पत्ता। आप उनसे बनी उपयोगी वस्तुओं की प्रदर्शनी अपने सहपाठियों के साथ लगाइए।**
2. **अपने किसी प्रिय पेड़ के फूल और पत्तों को इकट्ठा करके और सुखाकर अपनी स्क्रैप बुक में लगाइए। सूखी हुई पत्तियों और फूलों से आप कार्ड बना सकते हैं।**
3. **गेंदे के फूलों को सुखाकर उसका बीज वाला हिस्सा एक गमले में मिट्टी लेकर बो दीजिए। नियमित रूप से देखभाल कीजिए। गेंदे का पौधा उग आएगा और कुछ दिन बाद सुंदर फूल खिलेंगे।**

16 हम सब सुमन एक उपवन के

चित्र देखकर पाँच पोशाकों के नाम बताइए।

हम जानेंगे

- अनेकता में एकता के भाव को समझना
- पर्यायवाची शब्द
- विलोम शब्द
- तुकांत शब्द

हम सब सुमन एक उपवन के।
एक हमारी धरती सबकी,
जिसकी मिट्टी में जन्मे हम।
मिली एक ही धूप हमें है,

सींचे गए एक जल से हम।
पले हुए हैं झूल-झूलकर,
पलनों में हम एक पवन के।
हम सब सुमन एक उपवन के।

रंग-रंग के रूप हमारे,
अलग-अलग हैं क्यारी-क्यारी।
लेकिन हम सबसे मिलकर ही,
इस उपवन की शोभा सारी।

एक हमारा माली हम सब,
रहते नीचे एक गगन के।
हम सब सुमन एक उपवन के।

सुमन - फूल (flower), पलना - शिशु का झूला (cradle), उपवन - बाग (garden), जल - पानी (water), शोभा - सुंदरता, चमक (beauty), गगन - आसमान (sky)

काँटों में खिलकर हम सबने,
हँस-हँसकर है जीना सीखा।
एक सूत्र में बंधकर हमने,
हार गले का बनना सीखा।

सबके लिए सुगंध हमारी,
हम श्रृंगार धनी-निर्धन के।
हम सब सुमन एक उपवन के।

–द्वारिका प्रसाद माहेश्वरी

हमारी धरती

रंग-बिरंगे फूलों से धरती बहुत सुंदर लगती है। इसीलिए फूलों की देखभाल करनी चाहिए।

नए शब्द

पालना   माली   श्रृंगार   निर्धन

पाठ से

Comprehension

क. सोचकर बताइए–

1. इस कविता का कोई अन्य शीर्षक बताइए।
2. यह कविता किसने लिखी है?
3. उपवन की विशेषता क्या होती है?
4. फूलों ने 'एक ही माली' किसे कहा है?

ख. कविता की पंक्तियाँ पूरी कीजिए–

________________ के रूप हमारे,
अलग-अलग है ________________।
लेकिन ________________ मिलकर ही,
इस ________________ की शोभा सारी।
एक हमारा ________________ हम सब,
रहते नीचे एक ________________ के।
हम सब ________________ एक ________________ के।

सूत्र - धागा (thread), सुगंध - खुशबू (fragrance), श्रृंगार - सजाना (decorate), निर्धन - गरीब (poor)

ग. लिखकर बताइए–

1. कवि ने हम सबकी तुलना किससे की है?

2. 'अलग-अलग है क्यारी-क्यारी' पंक्ति में कवि क्या कहना चाहता है?

3. रंग-रूप के अलावा हम किस तरह एक-दूसरे से भिन्न हैं?

4. 'हम सब सुमन एक उपवन के' कविता से कवि क्या संदेश देना चाहता है?

ज़रा सोचिए — Thinking Skills

रंगरूप, पहनावे, खानपान और भाषा की विविधता जितनी हमारे देश में है क्या किसी और देश में है?

नीति की बात — Value-based Questions

हमारे देश में अनेक जाति और धर्म के लोग हैं। सभी आपस में भाईचारे के साथ रहते हैं। क्या आप इससे सहमत हैं?

शब्दों से — Vocabulary and Grammar

क. नीचे दिए गए शब्दों के दो-दो पर्यायवाची शब्द लिखिए– *synonyms*

1. सुमन ________ ________
2. गगन ________ ________
3. धरती ________ ________
4. पवन ________ ________
5. जल ________ ________

ख. नीचे लिखे शब्दों को उनके विलोम शब्दों से मिलाइए– *antonyms*

1. धूप	निर्धन
2. जन्म	गगन
3. धरती	जीत
4. हार	छाँव
5. धनी	मरण

ग. कविता में आए इन शब्दों के तुकांत शब्द लिखिए- *rhyming words*

1. सुमन ______________
2. क्यारी ______________
3. पवन ______________
4. निर्धन ______________

सुनना-कहना — Listening Speaking Skills

1. 'एकता में शक्ति है', इस वाक्य को स्पष्ट करने के लिए कक्षा में एक लघु नाटिका कीजिए।
2. अपने किसी दोस्त से उसकी भाषा का कोई गीत सीखिए और कक्षा में उसकी दो पंक्तियाँ सुनाइए।

कलम से — Writing Skills

एकता या देशप्रेम का महत्व बताते हुए एक अनुच्छेद लिखिए–

____

____

____

____

____

खेल-खेल में — Cross-Curricular Activities

1. कक्षा को चार भागों में बाँट लीजिए। हर ग्रुप अपनी पसंद का एक प्रांत चुन ले। उस प्रांत की जानकारी, वेशभूषा, खानपान, नृत्य, गाना आदि तैयार कीजिए तथा कक्षा में प्रस्तुत कीजिए।

उदाहरण – गुजरात

जानकारी	वेशभूषा	व्यंजन	नृत्य/गीन
गुजरात के बारे में	घाघरा, चोली पहन कर आएँ	ढोकला, खांडवी	गरबा, वैष्णव जन तो.....

2. मुरझाइए फूलों और पत्तियों को एकत्र कर ग्रीटिंग कार्ड या अपनी कक्षा के सूचनापट्ट (नोटिस बोर्ड) का बॉर्डर बनाइए।

सच्चाई की जीत

बहुत समय पहले, एक राजा थे जिनकी कोई संतान नहीं थी। तीस साल राज्य करने के बाद, राजा हरिदेव अब थक चुके थे। उन्हें अपने राज्य के लिए नया राजा चुनना था। राजा अपनी प्रजा के लिए एक ऐसा राजा चाहते थे जो प्रजा की सेवा कर सके, उनके दुख-दर्द को समझ सके और उनकी रक्षा कर सके। ऐसा व्यक्ति ही राजा बन सकता था जो ईमानदारी से अपने कर्तव्य का पालन करे। बहुत सोच-विचार के बाद राजा ने अपना उत्तराधिकारी चुनने के लिए एक तरकीब निकाली।

राजा हरिदेव ने अपनी प्रजा के कुछ लोगों को छाँटा जो राजा बनने के लायक थे। उन्हें अपने दरबार में बुलाया। सबके हाथों में एक-एक गमला दिया और कहा कि, दो महीने के भीतर इस गमले में सुंदर फूल खिलाकर लाओ। जिसके फूल सबसे सुंदर होंगे वह ही इस राज्य का अगला राजा घोषित होगा। इस सरल प्रतियोगिता को सुनकर लोग अधिक प्रसन्नचित्त हो अपने-अपने घर चले गए।

सभी बड़े परिश्रम से अपने गमलों की देखभाल करने लगे। मृणाल नामक एक युवक इन लोगों में सबसे कम उम्र का व्यक्ति था। वह एक बुद्धिमान इंसान था जो हमेशा लोगों की मदद के लिए तैयार रहता था। उसे बागवानी का बेहद शौक था।

अपने गमले में मृणाल ने अच्छी खाद डाली और समय-समय पर पानी भी दिया। लेकिन दो महीने के बाद भी गमले में न तो कोई पौधा आया और न ही फूल निकले।

निर्णय वाले दिन, सुबह से ही लोगों की भीड़ राजमहल की ओर एकत्र होने लगी। निर्धारित समय से पहले ही एक के बाद एक उम्मीदवार अपने-अपने गमले लेकर सजधज कर दरबार में पहुँच गए। सभी के गमलों में एक से अधिक रंग-बिरंगे फूल खिले थे। मृणाल अपनी मिट्टी से भरा खाली गमला लेकर एक कोने में खड़ा हो गया। बाकी उम्मीदवार मन ही मन खुश हो रहे थे कि कम से कम एक प्रतियोगी तो कम हो गया।

राजा हरिदेव जैसे ही दरबार में पहुँचे, लोग उनकी जय जयकार करने लगे। राजा एक-एक कर सभी प्रतियोगियों के गमले देखने लगे। इतने सुंदर फूल देखने के बाद भी राजा कुछ उदास और मायूस लग रहे थे। आखिर में जब उन्होंने मृणाल का गमला देखा तब उनका मुख खुशी से खिल उठा। उन्होंने ऐलान किया कि हमें इस राज्य का भावी सम्राट मिल गया। मंत्रीगण उनकी तरफ़ जिज्ञासा से देखने लगे।

राजा हरिदेव ने कहा, "हमें एक सच्चे ईमानदार सम्राट की तलाश थी जिसका मन साफ़ हो। सच्चाई केवल बोलने में ही नहीं अपितु हर कार्य में भी ज़रूरी है। हमने सबको गमले में उबले बीज दिए थे जिससे पौधे नहीं बन सकते थे। परंतु सभी लोगों ने बीज बदलकर सुंदर फूल उगा लिए। केवल मृणाल ने बीज नहीं बदले और कोशिश के बाद भी जब फूल नहीं आए तो सच्चे मन से वह गमला वापस लेकर आ गया। ऐसा ही व्यक्ति निस्वार्थ भाव से प्रजा की सेवा कर सकता है और हमारे राज्य का राजा बनने के योग्य है।" सभी मृणाल की जय-जयकार करने लगे।

सुझावित अभ्यास पत्र-1

पाठ (1-8)

1. सही उत्तर पर (✓) लगाइए–

1. 'कोशिश करने वालों की हार नहीं होती' कविता का मूलभाव क्या है?

   i. खुशी ☐ ii. मेहनत ☐ iii. वीरता ☐

2. मोगली कौन-से जानवर के परिवार का अंग बना?

   i. भालू ☐ ii. चीता ☐ iii. भेड़िया ☐

3. प्रसाद को पत्र कहाँ-से लिखा गया?

   i. कन्याकुमारी से ☐ ii. गोवा से ☐ iii. चेन्नई से ☐

4. किशोर का स्वभाव कैसा था?

   i. कठोर ☐ ii. विनम्र ☐ iii. हँसमुख ☐

5. सांता की गाड़ी कौन-सा जानवर खींचता है?

   i. घोड़ा ☐ ii. बैल ☐ iii. रेंडियर ☐

6. गांधी जी कौन-सी कक्षा के लिए देर से पहुँचे थे?

   i. योग की ☐ ii. व्यायाम की ☐ iii. गणित की ☐

7. साइना कौन-सा खेल खेलती है।

   i. बैडमिंटन ☐ ii. टेनिस ☐ iii. शतरंज ☐

2. नीचे दिए प्रश्नों के उत्तर लिखिए–

1. साइना नेहवाल किस खेल के लिए प्रसिद्ध हैं और उन्हें कौन-कौन से पुरस्कार प्राप्त हुए हैं?
2. व्यायाम के प्रति गांधी के क्या विचार थे?
3. भारत को त्योहारों का देश क्यों कहा जाता है?
4. लोग घर छोड़ते वक्त क्या सोचते हैं?
5. ईश्वर रूपी मक्खन कैसे प्राप्त होता है?
6. कन्याकुमारी की सुंदरता के बारे में लिखिए।
7. माँ भेड़िये ने बच्चे का क्या नाम रखा और क्यों?
8. चींटी में कौन-सा गुण उसे सफलता दिलवाता है?
9. जीवन में सफलता और सम्मान पाने के लिए क्या आवश्यक है?
10. सत्य बोलना भी एक व्यायाम है जो जीवन को सुंदर बनाता है और सम्मान दिलाता है। कैसे?

3. गद्यांश पढ़कर प्रश्नों के उत्तर दीजिए–

कन्याकुमारी भारत का दक्षिणी छोर है। यहाँ तीन समुद्रों का मिलन होता है। इसके दक्षिण में हिंद महासागर है। पूर्व में बंगाल की खाड़ी और पश्चिम में अरब सागर है। इन तीनों की जल-धाराएँ अलग-अलग दिखाई देती हैं। इनकी रेत का रंग भी भिन्न-भिन्न है। यहाँ सूर्योदय और सूर्यास्त के दृश्य हमने देखे। ये अनुपम दृश्य कन्याकुमारी में ही देखे जा सकते हैं। यहाँ देवी कन्याकुमारी का एक मंदिर भी है।

1. भारत के दक्षिणी छोर पर कौन-सा पर्यटन स्थल स्थित है?

   i. मुंबई ☐ ii. तारापुर ☐ iii. कन्याकुमारी ☐

2. इस स्थल पर कितने महासागर का मिलन होता है?

   i. दो ☐ ii. तीन ☐ iii. चार ☐

3. यहाँ कौन-कौन से महासागर के पानी दिखाई देते हैं?

   i. हिंद महासागर, बंगाल की खाड़ी और अरब सागर के ☐

   ii. गंगा सागर, कच्छ की खाड़ी और अरब सागर के ☐

   iii. अंटार्कटिक महासागर, अंडमान सागर और अरब सागर के ☐

4. मुहावरों का वाक्यों में प्रयोग कीजिए–

1. मुनाफा कमाना ____________________
2. साहस दिखाना ____________________
3. रात-दिन एक करना ____________________
4. आँख दिखाना ____________________
5. दाँत पीसना ____________________

5. रेखांकित शब्दों के वचन बदलकर वाक्य दोबारा लिखिए–

1. सियोनी की <u>पहाड़ी</u> पर सूरज निकल रहा था।

   ____

2. <u>छोटा बच्चा</u> खेल रहा था।

   ____

3. <u>नदी</u> हिमालय से निकलती है।

   ____

4. शेर जैसे खतरनाक <u>पशु</u> से सावधान रहना चाहिए।

   ____

5. जल की बूँदे आसमान से चू कर सागर में मिलती हैं।

____

6. अनेक शब्दों के लिए एक शब्द लिखिए–

1. साथ पढ़ने वाला ______
2. देश-विदेश की यात्रा करने वाला ______
3. शिक्षा प्रदान करने वाला ______
4. सूर्य उदय होने का समय ______

7. नीचे दिए गए शब्दों में अनुस्वार अथवा अनुनासिक लगाकर शब्द दोबारा लिखिए–

1. ज्यो ______ 2. बचूगी ______ 3. आसू ______
4. मुह ______ 5. सुदर ______

8. नीचे दिए गए शब्दों के समानार्थी शब्द लिखिए–

1. अतिथि ______ 2. वृद्ध ______ 3. मौसम ______
4. उपहार ______ 5. तिथि ______

9. नीचे दिए गए शब्दों में से विशेषण और विशेष्य शब्द अलग करके लिखिए–

ऊँचा वृक्ष विशाल रेगिस्तान सुंदर पोशाक काला चश्मा

विशेषण ______________________________

विशेष्य ______________________________

10. साइना नेहवाल के लिए साक्षात्कार के अनुभव के बारे में बताते हुए केतकी की ओर से उसकी बहन मेनका को पत्र लिखिए–

प्रिय बहन,

____

____

____

____

____

____

सुझावित अभ्यास पत्र-2

पाठ (9-16)

1. सही उत्तर पर (✓) लगाइए–

1. एक भयंकर तूफ़ान में कौन जहाज़ से दूर निकल गया?

   i. आदिवासी ☐ ii. क्रूसो ☐ iii. फ्राइडे ☐

2. कौन-सा पक्षी ऊँची डाल पर घोंसला बनाता है?

   i. कोयल ☐ ii. गौरया ☐ iii. बया ☐

3. रिया के स्कूल में किस पर्व की तैयारी चल रही थी?

   i. स्वतंत्रता दिवस ☐ ii. गांधी जयंती ☐ iii. गणतंत्र दिवस ☐

4. खेल के मैदान में कौन सीटी बजाकर खिलाड़ी को सचेत करता है?

   i. मास्टर ☐ ii. रेफ़री ☐ iii. चाचा जी ☐

5. ईद के मेले में कौन गया था?

   i. किशोर ☐ ii. हामिद ☐ iii. मोहन ☐

2. नीचे दिए गए प्रश्नों के उत्तर लिखिए–

1. कलाम की रुचि उड़ान विज्ञान में किस प्रकार हुई?
2. एक अच्छे खिलाड़ी में क्या-क्या गुण होने चाहिए?
3. स्वतंत्रता दिवस किस दिन मनाते हैं और कैसे मनाते हैं?
4. चिड़िया क्यों रोएगी, उसे कौन सांत्वना देगा और कैसे?
5. दिनों का हिसाब क्रूसो कैसे रखता था?
6. 'हम सब सुमन एक उपवन के' कविता से कवि क्या संदेश देना चाहता है?
7. वर्षा की तेज़ धार को पेड़ अपने ऊपर क्यों ले लेते हैं? इससे क्या होता है?
8. 'चिमटा कितना अच्छा खिलौना है' यह हामिद ने कैसे सिद्ध किया?
9. संकट के समय कैसे बचा जा सकता है?
10. 'जहाँ चाह वहाँ राह' से आप क्या समझते हैं?

3. नीचे दिए गए शब्दों के लिए विलोम शब्द लिखिए–

1. धनी ________ 2. धूप ________ 3. हार ________

4. धरती ________ 5. जन्म ________ 6. स्वतंत्रता ________

4. अनेक शब्दों के लिए एक शब्द लिखिए–

1. जो लिपि हाथ से लिखी जाए ______
2. जो देश की रक्षा करता हो ______
3. जो मेहनत से काम करता हो ______
4. जो नाव चलाता हो ______
5. जो साहस भरा कार्य करता हो ______

5. नीचे दिए गए शब्दों के पर्यायवाची शब्द लिखिए–

1. सागर ______ 2. फूल ______ 3. लहर ______

4. नाव ______ 5. आदमी ______ 6. बाग ______

6. नीचे दिए गए वाक्यों में उचित स्थान पर विराम चिह्न लगाइए–

1. राघव पानी पीता है
2. तुम सब कहाँ जा रहे हो
3. मीना रमा लता और सीता सिनेमा देखने गईं

7. दिए गए वाक्यों को वर्तमान काल और भविष्यत काल में बदलकर लिखिए–

1. बालक कलाम स्कूल के बाद समाचार वितरण का कार्य करते थे।

______

______

2. पक्षी की वह उड़ान उनमें समा गई थी।

______

______

8. कल्पना कीजिए कि आप किसी मेले में गए थे? अपने इस अनुभव को डायरी में लिखिए–

______

______

______

______

______

______

9. अपने मित्र के साथ हॉकी मैच का आँखों देखा हाल बताते हुए संवाद लिखिए–

आप ______________________________

मित्र ______________________________

आप ______________________________

मित्र ______________________________

आप ______________________________

मित्र ______________________________

10. चित्र देखकर इसके बारे में पाँच वाक्य लिखिए–

____

____

____

____

____

हिंदी वर्तनी का मानक रूप

आरंभ पुस्तक शृंखला में केंद्रीय हिंदी निदेशालय द्‌वारा निर्देशित हिंदी वर्तनी के मानक रूप का प्रयोग किया गया है। इसके कुछ मुख्य बिंदु हैं–

- खड़ी पाई वाले व्यंजनों का संयुक्त रूप, खड़ी पाई (ा) को हटाकर ही बनाया जाना चाहिए; जैसे– ख्याति, लग्न, विघ्न, कच्चा, छज्जा, नगण्य, कुत्ता, पथ्य, ध्वनि, न्यास, प्यास, डिब्बा, शय्या, उल्लेख, व्यास, श्लोक, राष्ट्रीय, स्वीकृत आदि।
- 'क' और 'फ/फ़' के संयुक्ताक्षर– पक्का, दफ़्तर आदि की तरह बनाए जाएँ।
- ङ, छ, ट, ठ, ड, ढ, द और ह के संयुक्ताक्षर हलंत लगाकर ही बनाए जाएँ; जैसे– वाङ्‌मय, लट्‌टू, बुड्‌ढा, विद्‌या, चिह्‌न, ब्रह्‌मा आदि।
- संयुक्त 'र' के प्रचलित तीनों रूप यथावत ही रहेंगे; जैसे– प्रकार, धर्म, राष्ट्र।
- विभक्ति-कारक या चिह्‌न, संज्ञा शब्दों से अलग लिखे जाएँ; जैसे– मोहन ने, मोहन को, मोहन से आदि।
- विभक्ति-कारक या चिह्‌न सर्वनाम शब्दों से मिलाकर लिखे जाएँ; जैसे– उसने, उसको, उससे आदि। मेरे को, मेरे से जैसे रूप व्याकरण सम्मत नहीं हैं।
- सर्वनाम के साथ यदि दो विभक्ति-चिह्‌न हों तो उनमें से पहला मिलाकर और दूसरा अलग लिखा जाए; जैसे– उसके लिए, इसमें से आदि।
- सम्मान हेतु शब्द 'श्री' और 'जी' अव्यय पृथक लिखे जाएँ; जैसे–प्रतिदिन, प्रतिशत, मानवमात्र, यथासमय, यथोचित आदि।
- क्रिया, विशेषण, अव्यय आदि में 'य' 'व' की जगह स्वरात्मक प्रयोग किया जाए; जैसे– नयी-नई, हुवा-हुआ। साथ ही गए, किए, आए, नई, हुआ आदि मानक रूप हैं।
- जहाँ 'य' शब्द का मूल रूप हो वहाँ वह 'य' ही रहेगा; जैसे– स्थायी, अव्ययीभाव, दायित्व आदि।
- कुछ शब्द ऐसे हैं, जिनके दोनों रूपों की एक-सी मान्यता है; जैसे– गरदन/गर्दन, गरमी/गर्मी, उलटा/उल्टा, बिलकुल/बिल्कुल, सरदी/सर्दी, भरती/भर्ती, फुरसत/फुर्सत, वापस/वापिस, बरतन/बर्तन, दुबारा/दोबारा आदि। इन वैकल्पिक रूपों में से पहले वाले रूप को प्राथमिकता दी जाए। लेकिन फर्ज़, मुर्गा, दर्ज़ी, खर्च, बर्फ़, कर्ज़ आदि संयुक्ताक्षर से ही लिखे जाएँगे।
- तत्सम शब्द के अंत का हलंत हिंदी में लुप्त हो चुका है; जैसे– महान, भगवान आदि।
- पूर्वकालिक प्रत्यय 'कर' क्रिया से मिलाकर लिखा जाए; जैसे– मिलाकर, खा-पीकर, रो-रोकर, दौड़कर, पढ़कर आदि।